Hugo Saintine Anton

Beobachtungen über die Construction der lateinischen Zeitpartikeln

Antequam und Priusquam

Hugo Saintine Anton

Beobachtungen über die Construction der lateinischen Zeitpartikeln
Antequam und Priusquam

ISBN/EAN: 9783744626101

Hergestellt in Europa, USA, Kanada, Australien, Japan

Cover: Foto ©Paul-Georg Meister /pixelio.de

Weitere Bücher finden Sie auf **www.hansebooks.com**

Beobachtungen

über die

tion der lateinischen Zeit

Antequam und **Priusquam**

VON

Anton,

Gymnasial-Oberlehrer.

furt.

on bei Carl Villaret.

1871.

Druck von H. Meyer in Halberstadt.

SEINEM VAETERLICHEN FREUNDE,

DEM HERRN

Dr. AUGUST LUDWIG STEINBERG,

DIRECTOR DES KÖNIGL. SEMINARS ZU HALBERSTADT
UND RITTER DES ROTHEN ADLER-ORDENS,

ZUR

JUBELFEIER SEINER FÜNFZIGJAEHRIGEN
SEGENSREICHEN WIRKSAMKEIT
AM 1. MÄRZ 1871.

AUS

WAHRER HOCHACHTUNG UND HERZLICHER ZUNEIGUNG

UEBERREICHT

VOM VERFASSER.

Gestatten Sie freundlichst, hochgeehrter Herr Director, dass auch ich mich den Vielen zugeselle, die Ihnen heute an Ihrem Ehrentage ihre Glückwünsche bringen und tiefgefühlten Dank für Ihre Treue und für Ihre Freundschaft sagen. Was Sie in tausend und wieder tausend Herzen gepflanzt, die Treue, mit der Sie unermüdet geistiges Wohl gefördert, und die Liebe, mit der Sie Alle, die Ihnen nahe traten, geleitet: sie kehren heute mit warmer Dankbarkeit zu Ihnen zurück und reichen Ihnen in inniger Verehrung die Frucht Ihres rastlosen Wirkens. Auch mir haben Sie vom Anbeginn meines Hierseins stets Ihre theilnehmende Liebe zugewendet und haben die Freundschaft, welche Sie schon vor fünfzig Jahren mit meinem nun verklärten Vater geschlossen, auf den Sohn übertragen. Darum bitte ich, Sie wollen als Ausdruck meines ehrerbietigen Dankes die folgenden Blätter gütigst annehmen und dieselben mit Nachsicht beurtheilen.

Halberstadt, am 1. März 1871.

H. S. Anton.

Hinsichtlich der Construction der Partikeln **priusquam** und **antequam** ist bekannt, daß im Allgemeinen in dem von ihnen regierten Satze das Zeitwort beim Präsens im Indicativ oder Conjunctiv, beim Perfectum und Futurum exactum nur im Indicativ, beim Imperfectum und Plusquamperfectum nur im Conjunctiv steht, ein erstes Futurum überhaupt nicht vorkommt; fraglich ist dagegen, ob antequam mit priusquam in der Construction für gleich zu achten; ob, wenn im Deutschen nach „eher als, früher als, bevor" das Verbum in den Indicativ des Plusquamperfects oder Imperfects gesetzt wird, „eher als ich las, gelesen hatte", im Lateinischen diese Tempora beibehalten werden müssen = priusquam legerem, legissem; und ob, was uns hauptsächlich beschäftigen wird, die Negation in non ante (prius) quam einen Unterschied in der Construction von prius (ante) quam bedingt.

Jene Frage warf Zumpt zu Cic. Verr. 2. 1. 2. (ed. 1831) auf, wo er die gewöhnliche Lesart antequam de incommodis Siciliae dico nicht nur nach den Hss. Lag. 42. Paris A. Vindob. C. in dicam umänderte, sondern auch deshalb, weil er beobachtet hatte, daß, wenn gleich priusquam beide Modi annehme (cf. phil. 1. 4. 11. priusquam de republica dicere incipio), doch antequam nur, um seine Worte anzuführen, rarissime apud Ciceronem, ne dicam numquam, ubi de instantibus rebus dicitur, cum Indicativo Prae-sentis coniungitur und sich die Stelle bei Cic. ep. fam. 7. 14. 1.

1

sin (so Ernesti; besser si ed. Or. 2. nach cod. Medic.) nostri oblitus es, dabo operam, ut istuc veniam, antequam plane ex animo tuo effluo durch: existimat enim sese iam effluere erklären lasse. Er hat hierin so weit Recht, als an jener Stelle dicam besser beglaubigt ist, als dico; auch Jordan (ed. Or. 2. 1854) führt es nach Lag. 42. (cod. praestantissimus) und Paris. A. an und nimmt es in der Text; ob aber der Indicativ so viel seltener ist, als der Conjunctiv, läßt sich nicht eher als erwiesen betrachten, bevor es nicht durch Beispiele erhärtet ist. Für den Indicativ sprechen Stellen, wie Cic. pro Mil. 3. 7. sed antequam ad eam orationem venio (ohne Variante), quae est propria vestrae quaestionis, videntur ea mihi esse refutanda; pro Deiot. 2. 7. sed antequam de accusatione ipsa dico, (ohne Var.), de accusatorum spe pauca dicam; pro Mur. 1. 2. antequam pro L. Murena dicere instituo (ohne Var.), pro me ipso pauca dicam; ep. Att. 10. 15. 4. si quemquam nactus eris, qui perferat, literas des antequam discedimus (ohne Var., schon von Hand turs. 1. p. 398. ed. 1829 citirt); Att. 12. 37. 2. quare, antequam discedis (ohne Var.), Othonem, si Romae est, convenias pervelim; auch noch Cat. 4. 10. 20. nunc antequam ad sententiam redeo (wo eine der besten Hss., cod. Salisburg. S. Petri [s], so wie cod. B. [Lagom. 2 und 11] und e [cod. Erf.] nebst 5 Lagom. redeam bieten), de me pauca dicam; und ad Att. 16. 5. 3. etenim circumspice, sed antequam erubesco, wo Orelli-Baiter (ed. Or. 2. 1845) notiren: antequam erubesco cum mg. Crat. Lambinus: ante erubesco M (edic.) R (om-princ.) J (enson.) E (rnest.); — für den Conjunctiv außer Verr. 2. 1. 2. noch phil. 1. 1. 1: antequam de republica, patres conscripti, dicam ea, quae dicenda hoc tempore arbitror, exponam vobis

breviter consilium et profectionis et reversionis meae (auch bei
Hand turs. 1. p. 399; ſchon von Noltenius lex. antib. 1744. p.
1304 citirt). Daß aber dieſes dicam der Conjunctiv ſei, be-
zweifelt Reiſig (Vorleſungen über Sprachwiſſenſchaft, ed.
Haaſe 1839), der antequam nicht von priusquam ſcheidet, beim terminus der Zukunft und affirmativem Hauptſatz den Indicativ nach
prius (ante) quam für erforderlich hält und jenes dicam als Indic.
des Futurums auffaſſen will. Haaſe (Anm. 465) ſtimmt ihm bei
und meint, daß fürs Präſens eher der Conjunctiv als der Indicativ
eines Beweiſes bedürfe, und beruft ſich auf Kritz (Sall. Cat. 4.
ex. ed. 1828), der behaupte, daß im Conjunctiv ein iudicium
auctoris ausgedrückt ſei. Kritz aber erkennt das Futurum nicht
an, ſondern ſucht nur im Conjunctiv, der rarius cum hac voce
coniungatur, eine beſtimmte Abſicht des Schriftſtellers, wie er
gegen Dahlius, der bei Sallust. Cat. 4. 5.: de cuius hominis
moribus pauca prius explananda sunt, quam initium narrandi
faciam in faciam den Indicativ Futuri ſah, den Conjunctiv durch
priusquam initium facere possum umſchreibt, und bringt dieſes Prin-
cip auch bei Erklärung der andern Beiſpiele, die er für den Conjunctiv Präſentis bei präſentiſchem Hauptſatz anführt, zur Geltung;
es ſind deren zwei für antequam, eins aus Cic. de or. 1. 59. 251.
(tragoedi) qui .. quotidie antequam pronuntient (ohne Var.) vocem
cubantes sensim excitant, dem er zur Erläuterung hinzufügt: quo
significatur non facta iam pronunciatio, sed pronunciandi consilium (Hand turs. 1. p. 398. consilium intercedit quo coniuncta
videantur), das andere aus Senec. Q. N. 2. 12. ante videmus
fulgurationem quam sonum audiamus i. e. audire possumus; und
eines für priusquam, aus Cic. de off. 1. 21. 13. (? 73.) in omnibus autem negotiis priusquam aggrediare, adhibenda est prae-

paratio diligens, i. e. priusquam tibi recte suscipi posse videntur, (alle brei Beiſpiele auch bei Ramshorn, Gramm. ed. 1824).
Haase meint, dieſe Stellen ließen ſich füglich als allgemeine Be-
merkungen faſſen, bei denen ja an ſich ſchon der Conjunctiv ſtehe.
Mag ſein, daß dieſe Auffaſſung Haase's, die bei Cic. off. 1.
21., wo es ſich um priusquam handelt, gewiß richtig iſt, ſich auch
auf die Stelle aus Sen. Q. N. und auf Cic. de or. 1. 59. übertragen läßt, ſo fern die Sitte der tragoedi als allgemein bei
ihnen üblich betrachtet wird — und ſie iſt noch neuerdings von
Müller-Lattmann in der lat. Gramm. ed. 1864. p. 265. Anm. 1.
anerkannt —; für die Behauptung aber, daß auch der Indicativ
Futuri nach antequam ſtehe, iſt damit nichts gewonnen. Hand
ſagt hingegen: (turs. 1. p. 397.) „futuri simplicis nullum nota-
tum habeo exemplum certum“, bringt aber für den Conjunctiv
Präſentis (p. 398. 396.) auch nur Stellen aus Varro. de re r.
1. 30.; Virgil Georg. 4. 306.; Properz 3. 20. 15. (Lachm. IV.
[III] 20. 20.); Seneca Epist. 103. 2.; Herc. fur. 210.; Veget.
de re mil. 3. 11.

So ſieht es aus, als ob bei Cicero eben nur antequam
dicam ſich fände und die Meinungen in der Auffaſſung von dicam
als Präſens oder Futurum eben deshalb aus einander gingen,
während es, wenn antequam mit einem Verbum im Conjunctiv der
erſten oder zweiten Conjugation oder mit dem Plural von dicam
verbunden erſchiene, leicht wäre eine Entſcheidung zu treffen.
Derartige Stellen ſind ſelten; wo ſie ſich aber finden, ſprechen ſie
mehr für's Präſens, ſei es im Conjunctiv oder Indicativ, als für's
Futurum. So leſen wir bei Cic. de inv. 1. 4. 5 : sed antequam
de praeceptis dicamus, videtur dicendum de genere ipsius artis,
wo Orelli-Baiter (ed. 2. 1845) dicamus dem von den Hss. P (aris.

sec. IX.) A (ngelomont. sec. XII.) R (cod. Tross. sec. XII.) T (uric. sec. XII.), non V (ictorin.) gebotenen dicimus vorzog, während Haase dicimus herſtellen wollte, da es die älteſten und meiſten Hss. zu bieten ſchienen. Und allerdings ſind jene vier Hss. diejenigen, welche Orelli-Baiter hauptſächlich als für die Conſtitution des Textes wichtig erkennen und deshalb in ihren Abweichungen in der varia lectio oft und viel notiren; aber nicht nur der hier er= forderte Gedanke: „bevor wir reden können", ſondern auch zugleich das Bedingtſein des Inhalts von antequam-dicamus durch videtur dicendum (cf. Fabri zu Sall. Jug. 5. 3.) weiſen auf den Con= junctiv dicamus hin. Immer aber, wie dem auch ſei, zeugt die Verſchiedenheit von dicimus und dicamus mehr für den Conjunctiv, als für das Futurum, da nicht eine einzige Variante das Fut. dicemus bietet; ebenſo wie oben bei Cic. Cat. 4. 10. 20. wohl ein Schwanken zwiſchen redeo und redeam ſtattfand, aber vom Futu= rum nicht die Rede war. Um ſo mehr muß es deshalb auffallen, wenn mit Halm bei Cic. parad. 6. 1. 45. geleſen wird: (ed. O. 2. 1861) Ergo hoc proposito numquam eris dives ante quam tibi ex tuis possessionibus tantum reficietur, ut eo tueri sex legiones et magna equitum ac peditum auxilia possis, wo Hand (turs. 1. p. 397. 399.) und auch Klotz (lex. 1857.) reficiatur mit V² (indob.) und O. (ed. 1. 1828) vorziehen. Es dürfte dies ein in ſeiner Art einziges Beiſpiel ſein; es unterſcheidet ſich zwar von allen übrigen dadurch, daß der Hauptſatz negativ iſt, aber trotzdem fehlt es an einem Analogon für dieſe Conſtruction. Hingegen dürfte es ſich empfehlen, zur Vergleichung die Analogie von prius- quam nicht ganz von der Hand zu weiſen; es wird doch auch, wie anerkannt iſt, mit dem Conjunctiv Präſentis, nicht mit dem Indi= cativ Futuri conſtruirt, wie, um nur ein Beiſpiel anzuführen, bei

Cic. rep. 6. 7. 7. (Macrob. 1. 2.) ac priusquam somnii verba
consulamus, enodandum nobis est, a quo genere hominum Tullius memoret (memorat Halm ed. Or. 2. 1861) vel irrisam Pla-
tonis fabulam vel ne sibi idem eveniat non vereri (cf. andere
Beispiele bei Fabri zu Sall. Cat. 4. 5. und in jeder lateinischen
Grammatik), und ebenso dürfte aus dem Sprachgebranche anderer
Schriftsteller, wie des Caesar oder Livius, eine Folgerung dann
gezogen werden können, wenn sich bei ihnen gleichfalls das Futurum
nicht findet, wohl aber der Conj. Präsentis, wie Caes. b. c. 1.
54. 4. nunc (collem) celeriter, priusquam ab adversariis sentiatur, communit; und Liv. 23. 3. 6. sed prius in eius locum
virum fortem ac strenuum novum senatorem cooptabitis, quam
de noxio supplicium sumatur. Daß man sentiatur durch „ehe
es bemerkt werden konnte", wie Müller-Lattmann, und sumatur
durch sumi potest, wie Fabri, erklärt, ist für die Thatsache des
Vorkommens gleichgültig, zumal man ebenso 22. 39. 6. priusquam
castra videat durch „ehe er sehen kann" übersetzt und überhaupt
wohl den Conjunctiv nicht anders erklären kann, wenn man nicht
auf die Verwandtschaft des Conjunctiv mit dem Futurum zurück-
greifen will. Nach alle dem sind wir der Ansicht, daß dicam in
der Verbindung antequam dicam als Conjunctiv aufzufassen ist.

Bei der zweiten Frage, die sich auf die Construction von antequam und priusquam beim Zeitraum der Vergangenheit bezieht, ist
ein Unterschied zwischen beiden Wörtern nie gemacht worden; hier
erscheinen beide mit derselben Construction, und zwar, außer mit dem
Conj. Imperf., besonders häufig mit dem Indicativ Perfecti: denn
wenn auch Hand (turs. 1. p. 399.) mit Recht sagt: in praeteritis
utraque ratio valet. Nam aut res facta comparatur cum re post
facta, certaque haec ratio exprimitur indicativo perfecti aut res

facta componitur cum alia etiamtum exspectanda et temporis conditione cohaerente, idque, quum intercedat cogitatio, per imperfecti et plusquamperfecti coniunctivum significatur, ſo fügt er doch hinzu: Atque in his quoque liberum est scriptoribus concessum arbitrium. Und wenn er dann fortfährt: sed in narratione qua quomodo res cohaereant exponitur necessario nisi negligentia peccat imperfectum requiritur: ubi perfectum indicativi ponitur, res per se constat, et designatur tantum certa notione, ſo geſteht er doch ſelbſt gleich Ausnahmen zu, wenn er ſie auch durch negligentia motivirt. Doch fragen wir zuerſt, was die jetzige Forſchung durch die Grammatifer hinſichtlich des Indicativ Perfecti lehrt. Ellendt-Seyffert (ed. 1864 und 1869 § 268) meint, daß in hiſtoriſcher Erzählung, wenn im Hauptſatze ein Perfect. oder Präſ. hiſt. ſteht, dieſe Conjunctionen mit dem Conj. Imperf. oder Plusquamperf. verbunden würden, zunächſt um die Thatſache als vom Subject beabſichtigt zu bezeichnen, aber auch bei wirflich erfolgten Thatſachen, indem dieſe dann von dem Willen des leitenden Schicfſals abhängig gedacht werden, daß jedoch auch im letztern Falle der Indicativ Perfecti ſtehen könne, beſonders dann, wenn die Partifel mit einer Negation verbunden ſei, alſo nach non ante (prius) quam. Englmann (ed. 1867. § 347) ſagt beſtimmter, daß ſtatt des Conjunctiv Plusquamperfecti von einem hiſtoriſchen Factum der Indicativ Perfecti gebraucht werde, beſonders nach non ante-quam, und ſchließt ſomit den Gebrauch des Indic. Perfecti für den Conj. Imperfecti aus, während Kritz (ed. 1848 p. 514. 515.) die Conſtruction mit dem Indicativ Perfecti gar nicht erwähnt, und nur p. 507. unter den Beiſpielen ein einziges mit dem Indic. Perf., und zwar aus Cicero ad Q. fr. 1. 1. 13. 38. ante occupatur animus ab iracundia quam providere

ratio potuit, ne occuparetur anführt. Zumpt hingegen (ed. 1811
§ 576.) hebt hervor, daß, wenn eine bloße Zeitbestimmung ohne
innern Zusammenhang der Ereignisse angegeben werden solle, der
Indicativ stehe; er sagt aber nicht, in welchem Tempus, sondern läßt,
da er vorher vom Conjunctiv Imperfecti und Plusquamperfecti
gesprochen, der Vermuthung Raum, daß auch von diesen Temporibus der Indicativ gebraucht werden könne, obwohl das Beispiel, welches er anführt, Cic. Verr. 2. 66. haec omnia ante facta
sunt, quam Verres Italiam attigit (eigentlich 2. 66. 161. omnia
ista ante facta sunt, non modo quam ego Siciliam, verum etiam
quam iste Italiam attigit), nur für den Indicativ Perfecti zeugt;
Madvig (ed. 1857 § 338. Anm. 5.) sagt wieder genauer, daß
diese Partikeln, welche er zugleich mit dum donec = bis' bespricht,
„mit dem Indicativ des Perfectum, nicht mit dem des Plusquamperfectum" stehen, und führt zwei Beispiele an, eines mit positivem
antequam, Cic. ad Att. 2. 7. 2. antequam tuas legi literas,
hominem ire cupiebam; (im Deutschen oft: bevor ich Deinen
Brief gelesen hatte), und eines, in dem antequam mit der Negation verbunden ist, aus Liv. 39. 10. Hispala non ante adole-
scentem dimisit, quam fidem dedit, ab his sacris se temperaturum
(eigentlich: neque ante dimisit eum quam fidem dedit adulescens
ab his). Schultz (ed. 1865) endlich erweitert den Gebrauch des
Indicativ Perfecti auch auf den Fall, wo im Deutschen mit ‚bevor'
das Imperfectum verbunden wird, und sieht ebenso wie Madvig
von der Einschränkung, daß von wirklich erfolgten Thatsachen die
Rede sein müsse, ab; er sagt § 327. Anm. 4.: „Im Deutschen
werden die Conjunctionen bevor und bis zuweilen mit dem Plusquamperfect oder Imperfect verbunden, anstatt dessen man Lateinisch
bei antequam priusquam dum donec im Indicativ nur das Perfect

gebraucht" und hat als Beispiele jenes aus Cic. ad Att. 2. 7. 2. antequam legi etc., und ein anderes aus Cic. fam. 7. 23. 4. ut redii priusquam tuas legi has proximas litteras quaesivi de mea Tullia, quid egisset; er bespricht sodann § 364 die Con= struction auch mit dem Conjunctiv und citirt noch Cic. pro Rosc. Am. 22. 60.: usque eo animadverti iudices cum iocari atque alias res agere, antequam Chrysogonum nominavi. Müller-Latt= mann (ed. 1864 p. 263.), die ich kürzlich Gelegenheit hatte einzu= sehen, erkennen die Construction mit Indicativ Perfecti an, sei es als Perfectum Präsens, bezogen auf ein Präs. im Hauptsatze, oder als historisches Perf. in selbständiger Zeitbedeutung neben einem Tempus präteritum im Hauptsatze, in welchem Falle es im Deut= schen häufig durch das Plusquamperfectum übersetzt werde, (sie schließen hier also ebenso wie Englmann den Gebrauch des Indi= cativ Perfecti für deutsches Imperfectum aus, meinen aber, [kleine lateinische Grammatik 1861. p. 197.], daß pervenerunt bei Caes. b. g 1. 53. durch „kamen" oder „gekommen waren" zu über= setzen sei), besonders aber, wenn der Nebensatz ein Factum berichte, mit dessen Eintritt die im Hauptsatze ausgesagte Hand= lung ihr Ende erreiche, oder sei es, daß der Indicativ Perfecti als Antecedens auf das im Nebensatz berichtete Factum bezogen werde, wenn im Hauptsatze das Plusquamperfectum stehe. Eine besondere Construction von non ante (prius) quam wird nicht erwähnt. Thuen wir noch einen Blick in die Lexica, so hat Klotz-Hudemann unter ‚prius' nur die kurze Notiz: mit folg. quam ‚eher als' (oft ein Wort priusquam mit Ind. u. Conj.)" und Klotz s. v. ante scheidet verbundenes antequam von getrenntem ante-quam, führt aber unter beiden Titeln Beispiele für antequam mit dem Indicativ Perfecti an, und zwar außer Cic. ad Q. fr. 1.

1. 13. ante occupatur quam potuit und Liv. 39. 10. non ante dimisit quam dedit noch drei für positives antequam, nemlich eins für getrenntes ante-quam, Cic. fam. 10. 3. ego Plance necessitudinem constitutam habui cum domo vestra ante aliquanto quam tu natus es (es cod. M [edic.]; esses E [rnest.])), und zwei für verbundenes, Brut. 18. 72. atque hic Livius qui primus fabulam . . docuit anno ipso antequam natus est Ennius" (= anno ante natum Ennium bei Cic. tusc. 1. 1. 3.); „phil. 12. 9. 23. dic mihi praeterea, Pansa, Ventidius ubi sit, cui fui semper amicus antequam ille reipublicae bonisque omnibus tam aperte est factus inimicus". Scheller (lex.) macht es unter prius wie Hudemann und stellt unter ante die Beispiele verschiedenster Art zusammen.

Wenn wir nun alle diese aufgeführten Beispiele übersehen, so finden wir den Indicativ Perfecti nach antequam und priusquam, wenn im Hauptsaße der Indicativ Präsentis (occupatur) oder Imperfecti (cupiebam) oder Perfecti (facta sunt, dimisit, quaesivi, animadverti, habui, docuit, fui) gesetzt ist; wir vermissen den Indicativ Plusquamperfecti; nur Müller-Lattmann erwähnen ihn. Wir führen drei Beispiele mit antequam an: Cic. Verr. 2. 18. 46. quae bona is qui testamentum fecerat huic Heraclio ante aliquanto quam est mortuus (esset wollte Ernesti; Zumpt widerlegt ihn) omnia utenda ac possidenda tradiderat, (wo Arusianus [p. 265. ed. Lindemann] umstellt: fecerat aliquanto antequam est mortuus huic Heraclio omnia; nur noch bei Lindem. aliquando geschrieben); Brut. 13. 49. nam antequam delectata est Atheniensium civitas hac laude dicendi, multa iam memorabilia et in domesticis et in bellicis rebus effecerat; (beide auch bei Müller-Lattmann); Verr. 5. 39. 101. causam sibi dicendam esse statuerat iam ante quam hoc usu venit, ita ut ipsum priore actione dicere audistis (eine

Stelle, in der Zumpt in seiner Ausgabe 1831 die Lesart venit gegen das von Hervagius herrührende, durch Gruterus gebräuchlich gewordene und noch von Orelli ed. 1. 1826 festgehaltene veniret, so wie gegen handschriftliches venerit durch Berufung auf Hss. und mit den Worten: „neque enim id eventurum, ut classis a praedonibus caperetur, Verres putarat", vertheidigte und ihm Jordan mit Bezugnahme auf cod. Reg. Paris.; Guelff.; Leidens.; Lambin., wie auch Halm in ed. Weidm. 1855. beistimmten; hatte doch Orelli schon in seiner Anmerkung venit als haltbar anerkannt: venit e cod. Steph. L. quod sane defendi potest. Nam post particulas posteaquam et antequam tum plusqupf. tum imperf. coniunctivi saepe perfecto substitutum est et a librariis et a criticis. Ihnen fügen wir eins für priusquam aus Livius hinzu: 9. 13. 10. obsessis priusquam alter consul victore exercitu advenit, et commeatus ex montibus Samnitium invecti erant et auxilia intromissa.

Spärlich sind auch die Beispiele für den Indicativ Präsentis im Hauptsatze. Müller-Lattmann erweiteren jenes übliche occupaturpotuit durch Cic. de fin. 3. 20. 66. membris utimur priusquam didicimus, cuius ea caussa utilitatis (so Baiter nach den Hss. ed. Or. 2. 1861; utilitatis caussa Madvig; Orelli ed. 1.), in denen beiden es als Perfectum-Präsens stehen soll, und durch Cic. Verr. 3. 54. Nympho antequam plane constitit condemnatur, in dem condemnatur als Tempus präteritum und constitit als historisches Perfectum aufgefaßt wird. Wir machen noch aufmerksam auf die kritisch bedenkliche Stelle bei Cic. Mur. 36. 77. cur ante petis quam insusurravit? in der, so groß die Varianten sind, doch der Indicativ Präsentis und Perfecti beibehalten wird, und in der Halm (ed. Or. 2. 1854) schrieb: cur ante petis quam insusurravit?, Richter aber aus den Lesarten inceravit, niceravit, viceravit, ulceravit, narravit ein citavit herausſockte, Halm dieſem noch nomen vorſchrieb und ſo ed. Weidm. 1866 ebirte: cur ante petis quam nomen citavit? — Spärlicher noch tritt der Indicativ Imperfecti auf. — Am häufigſten findet ſich, daß die Anwendung des Indicativ Perfecti ſtattgefunden hat, wenn auch der Hauptſatz den Indicativ Perfecti aufwies. Fügen wir nun noch hinzu: Cic. in Vatin. 2. 4. quod ego simulac te adspexi priusquam loqui coepisti . . sensi atque providi (bevor du anfiengſt); pro Lig. 3. 7. me antequam vidit reipublicae reddidit; de off. 3. 25. 94. atque is antequam constitit, ictu fulminis deflagravit; Verr. 2. 57. 140. neque in hac re sola fuit eius modi, sed, antequam ego in Siciliam veni, in maximis rebus ac plurimis (Hand. 1. p. 400); Lael. 3. 11. ut memini Catonem antequam est mortuus (= bevor er ſtarb) mecum et cum Scipione disserere (Hand 1. p. 594.; nur cod. V [indob.] saec. XV. esset mortuus); fam. 9. 14. 3. L. Caesar . . antequam me plane salutavit, O mi Cicero, inquit, gratulor tibi; fam. 11. 5. 2. si enim iste provinciam nactus erit, cui quidem ego semper amicus fui antequam illum intellexi (gemerkt hatte) non modo aperte sed etiam libenter cum republica bellum gerere, spem reliquam nullam video salutis; fam. 3. 9. 1. quas ex itinere antequam ex Asia egressus es ad me literas misisti . . legi perinvitus; und für getrenntes ante-quam Cic. pro Rosc. Am. 50. 145. cuius ante praedia possedisti quam ipsum cognovisti, und mit genaueren Zeitbeſtimmungen Cic. Brut. 23. 89. orationem in Origines suas rettulit paucis antequam mortuus est diebus an mensibus; de divin. 1. 33. 73. facta coniectura etiam in Dionysio est paullo antequam regnare coepit; und Ac. 2. 19. 61. haec Antiochus fere (disputavit) in Syria cum esset mecum paullo ante quam est mortuus, wo E. wieder esset leſen wollte;

so wird es keinem Zweifel unterliegen, daß antequam und priusquam auch dann, wenn im Deutschen nach ihnen das Plusquam=
perfectum oder Imperfectum stehen, mit dem Indicativ Perfecti
verbunden werden können und somit Zumpt Recht hat, wenn er
zu Cic. Verr. 2. 18. gegen Ernesti, der dort antequam esset
mortuus lesen wollte, hervorhebt, daß, abgesehen davon, daß, wenn
vom consilium testatoris die Rede hätte sein sollen, es antequam
moreretur heißen würde, wir ubi simpliciter tempus significatur,
Indicativo Perfecti recte utemur. Darum ist auch von diesem
Standpunkte aus nichts gegen Baiter einzuwerfen, wenn er in
Cic. pro C. Rabir. perd. 9. 25. quae caussa ante mortua est
quam tu natus esses für dieses handschriftliche und allgemein
recipirte esses conjicirt es und Hahn es in ed. Or. 2. 1854. in
den Text aufnimmt, während Müller-Lattmann p. 265. sich wieder
für esses entscheiden und, obwohl sie antea für ante schreiben,
eine Lesart, welche als Variante bei Hahn (ed. Or. 2. 1854) nicht
angegeben wird, diese Stelle als einzigen Beleg für den Conjunctiv
Plusquamperfecti nach prius (ante) quam in der Erzählung anführen.

Noch weniger bestimmt hat man sich bisher über die Con=
struction von non ante-quam, non prius-quam ausgesprochen, weil
man sie gewöhnlich mit der des positiven antequam, priusquam
zusammenstellte und dabei übersah, daß was hier bei positivem
prius (ante) quam geschehen kann, bei negativem non ante (prius)
quam geschehen muß. In diesen Fehler geräth namentlich auch
Doberenz, der in mehreren Anmerkungen seiner Ausgabe von
Caesar de bell. gall. auf die Construction von priusquam aufmerk=
sam macht. So sind z. B. die beiden Stellen bei Caes. b. g. 1. 53.
neque prius fugere destiterunt quam ad flumen Rhenum milia
passuum ex eo loco circiter quinquaginta (so Doberenz, Krauer:

quinque mit allen Hss. Dittenberger nach Goeler) pervenerunt, und b. g. 6. 4. conantibus priusquam id effici posset adesse Romanos nuntiatur nicht mit einander zu vergleichen. Doberenz thut dies, indem er auf seine Anmerkung zu b. g. 3. 26. verweist, wo er zu den Worten: his (munitionibus) prorutis prius in hostium castris constiterunt, quam plane ab his videri aut quid rei gereretur cognosci posset, bemerkt (ed. 4. 1867.): „Vgl. diese Stelle mit dem Anfang von 1. 53; wie dort der Indicativ steht, erwartet man auch hier statt posset den Indicativ poterat; doch steht bei Historikern auch der Conj. des Imperfectum u. Plusquamperfectum bei einfacher Angabe eines Zeitpunktes und einer wirklichen Handlung." Das sieht, wenn man auch nicht Werth darauf legt, daß der eine Satz negativ, der andere positiv ist, so aus, als wenn wirklich poterat als möglich hingestellt werden sollte. Mir scheint es, als habe Doberenz die Worte Madvigs Gramm. § 360 „doch steht der Conjunctiv des Imperfectums und Plusquamperfectums auch bei einfacher Angabe eines Zeitpunktes und einer wirklichen Handlung (besonders bei antequam, priusquam in geschichtlichem Stil)" anwenden wollen, aber sich darin versehen, daß er das Wörtchen ‚auch' von seiner Verbindung: „auch bei einfacher Angabe" loslöste und dafür „auch der Conjunctiv bei" setzte. Ebenso zeigt die Anmerkung zu b. g. 1. 53. neque priusquam: „merke das Beispiel für den Gebrauch von priusquam mit dem Indicativ des Perfects. Vergl. dagegen 1. 19.," daß er die Negation für nicht beachtenswerth hielt. In gleicher Weise verfahren von den mir zu Gebote stehenden Grammatiken die von Zumpt (ed. 1844. § 576.), von Kritz (ed. 1848. p. 514. 515.), von Müller - Lattmann (ed. 1864. p. 263. 265.), und von Schultz (ed. 1865); sie alle haben keine auf die Construction von non ante (prius) quam besonders bezügliche Bemerkung.

Die Negation aber ist es gerade, welche den Unterschied der Construction bedingt. Reisig (Vorles. über lat. Sprachw. 1839.) sagte schon p. 526: „Wenn aber die einem Terminus vorausge= schickte Handlung negirt wird, so kann bei priusquam oder ante-quam ein Conjunctiv stehen, denn eine bestimmte Vorstellung von dem Zeitpunkte jenes Terminus ist nicht nöthig, da man nicht vorher die Handlung ausführen will, sondern nachher; man kann also den Terminus abwarten . . .; antequam ille veniat, non redibit zeigt deutlich den Conjunctiv," während gerade umgekehrt Madvig Gramm. (ed. 1857 § 360. Anm. p. 327.) behauptet: „non ante (prius) quam hat immer den Indic. des Perf.", und demnach wohl schreiben müßte: antequam ille venit, non redibit. So folgert der eine aus der Negation den Conjunctiv, der andere den Indicativ. Von den andern Forschern hat sich keiner auf die Seite Reisig's gestellt; mehr sind Madvig's Behauptung nachge= gangen und haben dieselbe entweder modificirt oder die Frage nach dem Unterschied der Construction von prius (ante) quam und non ante (prius) quam, statt wie Doberenz und einige Grammatiker mit Stillschweigen zu übergehen, offen nach der Seite der Unter= schiedslosigkeit entschieden. Allein es ist zu bemerken, daß vor Reisig schon Hand (turs. 1. p. 400. ed. 1829) auf die Negation hingewiesen hatte, und vor Hand schon Doelcke. Hand nämlich sagt: hinc sequitur, perfecto indicativi locum esse plerumque, ubi`vis orationis nititur in temporis particulis ante, prius, quod fit etiam saepe addita negatione: non ante, nec ante, non prius. Hoc quum Doelekius bene observasset, novum decretum fecit p. 215., ex quo adiecta negatione ubique in narratione

occurreret perfectum indicativi. Rem tamen explicatione
non satis explicuit. Nam quum non simplex est rerum indicium,
sed intercedit cogitatio, consilium, voluntas, necessario ponitur
coniunctivus. Allein dieſer Vorwurf Hand's, daß Doeleke die
cogitatio und consilium und voluntas nicht berückſichtige, zerfällt
in ſich, wenn man Doeleke's Worte ſelbſt vergleicht. In ſeiner
Grammatik (Leipzig 1826. p. 215.) heißt es: „Uebrigens kommt
auch beim Erzählen, wiewohl nicht gewöhnlich, das Perfect (Indi-
cat.) vor, z. B. Liv. IX. 13., obsessis priusquam consul advenit;
jedes Mal muß jedoch das Perfect. ſtehen, wenn eine Negation
bei ,bevor' ist, wie in dem ſchon angeführten Beiſpiele Caes. b. g.
1. 53. nec prius fugere destiterunt quam ad Rhenum pervenerunt;
Cic. epp. 11. 13. constitit nusquam priusquam ad vada venit";
dann hebt er die durch die Negation geänderte Wendung des Sinnes
hervor, welche das Einſchieben der Partikel ,bis' verlange, = „als
bis", und erklärt jenen Satz aus Caesar: „ſie gelangten auf ihrer
Flucht an den Rhein, und als ſie daſelbſt angekommen waren, ſo
hörten ſie auf zu fliehen," während, wenn es bei Livius heiße 45.
11: non prius destitit mittere, quam pacem cum iis confirmaret,
nicht geſagt werde: „er erlangte durch Schicken von Boten den
Frieden, und als er denſelben erlangt hatte, ſo hörte er auf zu
ſchicken, ſondern: er ſchickte ſo lange Boten, bis er den Frieden
erlangt haben würde; es machte nämlich Umſtände, denſelben zu
erhalten, er ließ aber nicht nach, bis er es durchgeſetzt haben
würde". Doeleke meint alſo, daß nach non ante (prius) quam
dann der Indicativ Perfecti ſtehe, wenn der Nebenſatz ein Factum
berichtet, mit deſſen Eintritt die im Hauptſatz ausgeſagte Handlung
ihr Ende erreicht, hingegen der Conjunctiv, wenn die Abſicht, (alſo
cogitatio consilium voluntas) des Handelnden mit in Betracht

gezogen werden soll. Hand führt für seine Behauptung sogar dasselbe Beispiel aus Liv. 45. 11. an. Diese Beobachtung Doeleke's fand aber keinen Eingang in unsere Grammatiken. Wie es scheint, mußte Madvig erst wieder einen neuen Anstoß geben. So sagt Ellendt-Seyffert (ed. 1864. § 268. Anm.): „für den letztern Fall (d. h. bei wirklich erfolgten Thatsachen) steht jedoch auch der Indic. Perfect. nach non ante (prius) quam" und führt als Beispiel an: „Epaminondas non prius bellare destitit quam urbem Lacedaemoniorum obsidione clausit (als bis er wirklich — eingeschlossen hatte"), nimmt also den Nepos zum Gewährsmann, aus dessen Vita Epam. 8. 5. das Beispiel stammt; es heißt nemlich hier: „neque prius bellare destitit, quam Messene restituta urbem eorum obsidione clausit; während er in ed. 9. 1869. vor: nach non ante (prius) quam ' einschiebt „besonders", die deutsche Uebersetzung mit ‚wirklich' wegläßt und noch ein Beispiel für positives priusquam mit Indic. Perf. bringt, wo im Hauptsatze gleichfalls der Indic. Perf. steht: Caesar priusquam est profectus, luna hora circiter sexta visa est. Englmann (ed. 1867 § 347), dessen Worte wir vorher p. 7. mittheilten, hat unter den Beispielen nur eins für den Indicativ, nemlich jenes aus Caes. b. g. 1. 53., in welchem non prius-quam steht: omnes hostes terga verterunt, neque prius fugere destiterunt, quam ad flumen Rhenum pervenerunt. Müller-Lattmann, welche am ausführlichsten die Construction dieser Partikeln mit dem Indic. Perf. besprechen (cf. p. 9.), haben zwar Beispiele für negatives non ante (prius) quam nur unter dem dritten von den vier Fällen, welche sie aufstellen, sagen aber nicht, ob nach non ante (prius)quam in allen vier Fällen der Indicativ Perfecti stehen könnte. Nach alle dem dürfte sich ergeben, daß die Regel Doeleke's über non ante (prius)

quam c. indic. perf. ubique in narratione von Reisig, Seyffert,
Englmann burch: „kann fein" unb „befonbers" eingefchränkt wirb,
während fie Madvig ihrer burch in narratione gegebenen Ein=
fchränkung entkleibet unb als allgemein gültig hinftellt.

Um nach Möglichkeit keine wichtigere Erfcheinung in ber Litera=
tur unberückfichtigt zu laffen, erwähnen wir, wenn auch nur kurz,
bie Schrift von Dr. E. Hoffmann: bie Conftruction ber lateinifchen
Zeitpartikeln (Wien 1860; aus ber Zeitfchr. für bie öftreich.
Gymnaf. 1860, Heft 8. u. 9.). Er hanbelt p. 3. p. 4. p. 102.
über antequam unb priusquam, bemerkt aber nur, baß fie mit
postquam ubi simul dum donec quoad im Gebrauche bas Ge=
meinfame hätten, baß fie fich n u r mit bem Inbicativ ber Haupt=
zeiten verbänben, während ihnen eigenthümlich fei, baß von ben
Nebenzeiten Imperfectum unb Plusquamperfectum n u r ber Con=
junctiv berfelben bei ihnen zuläffig fei, ba bie wenigen Ausnahmen,
in benen antequam unb priusquam mit bem Inbicativ bes Imper=
fectums verbunben würben (er führt fie p. 102. als jene 3 Stellen
aus Livius an: 7. 34. 1. poterant; 23. 30. 3. deerant; 23. 48. 1.
poterant), nicht in Betracht kämen, auch bei ihnen ber Grunb bes
Inbicativs vielmehr in bem nec liege, welches in allen brei Stellen
ben Partikeln vorangehe. Wir hätten gewünfcht, baß er biefe
feine Sätze ausführlicher bewiefen hätte; er fcheint zunächft ben
Conjunctiv Präfentis nicht anzuerkennen unb hält fobann zwar ben
Inbicativ Imperfecti für bebingt burch bie Negation, fagt aber nicht,
ob nicht auch in gewiffen Fällen ber Inbicativ Perfecti gefetzt
werben kann ober muß.

Wie Madvig urtheilte Weissenborn, ber, wie Kühnast (Livius
als Schullectüre. Progr. Marienwerber 1868 p. 26.) mit Berufung
auf bie Anmerkungen beffelben in feiner Ausgabe bes Livius zu

2. 59. 2. coll. zu 34. 8. 2. berichtet, die Behauptung ausſprach, die Conjunctionen antequam und priusquam regierten bei Livius nach affirmativem Hauptſatz den Conjunctiv, nach negativem den Indi= cativ. Allein wenn auch Weissenborn dieſe Anſicht in edit. 1853 zu der ſeinigen gemacht hat, er ſcheint ſie bald wieder aufgegeben zu haben; wenigſtens ſucht man in ed. 1866 nach einer dahin zielen= den Anmerkung zu 2. 59. 2. vergebens, und in der Anm. zu 34. 8. 2. erklärt er zwar den Indicativ Perfecti als ſelbſtver= ſtändlich nach prius (ante) quam mit non, führt jedoch auch Bei= ſpiele an, in denen nach non prius (ante) quam der Indic. und Conj. Imperfecti und der Conj. Plusquamperfecti folgen. Kühnast aber hält es noch in dem Programm von 1868 wohl der Mühe werth, dieſe Anſicht zu prüfen, resp. zu widerlegen, und iſt unſers Wiſſens nach der letzte, der ſich mit der vorliegenden Frage beſchäftigt hat. In ſeiner Unterſuchung führt er zunächſt gegen Weissenborn, den wir als Vertreter jener Anſicht betrachten wollen, an, daß gerade umgekehrt oft nach affirmativem Hauptſatze der Indicativ ſtehe, und citirt, wenn auch ohne Wortlaut, als Beleg dafür: 41. 23. 11; 2. 40. 5; 22. 50. 8; 24. 25. 10; 25. 6. 6; 41. 16. 8; 41. 13. 5. Obwohl nun die Wahrheit dieſer Behauptung keinem Zweifel unterliegt, ſo möchten wir doch darauf aufmerkſam machen, daß zwei dieſer Beiſpiele nicht als Beweiſe dienen können, nemlich daß 41. 23. 11. Persea quem belli cum populo Romano prius paene (ſo mit Weissenb.; paenae codd; poenae vulg.) quam regni heredem futurum sciebat regem fecit, eine Stelle iſt, die, in ihrem Wortlaut ſehr zweifel= haft, doch keinen Zweifel darüber läßt, daß sciebat mit quem zu verbinden iſt und nicht von prius abhängt; und daß in lib. 41. 13. 5. Etruscorum ante quam Ligurum fuerat (sc. ager) das Plusqpf. fuerat das Verbum des Hauptſatzes iſt und ante quam ohne Verbum ſteht.

Die übrigen Beispiele sind passend gewählt; drei von ihnen zeigen den Indicativ Präsentis, während im Hauptsatz der Conj. Präf. oder der Imperativ Präf. steht: 22. 50. 8. sed antequam opprimit lux maioraque hostium agmina obsaepiunt iter, per hos qui inordinati atque incompositi obstrepunt portis erumpamus; 2. 40. 5. sine priusquam complexum accipio, sciam, inquit, ad hostem an ad filium venerim; 25. 6. 6. sine, quaeso, priusquam de condicione nostra queror, noxam cuius arguimur nos purgare; eines zeigt den Indic. Plusquamperf., neben dem Indicativ Perfecti im Hauptsatz: 41. 16. 8. ante triduum quam oppugnare coeperat, receptum ex hostibus colonis restituit, wo der Indic. Plusquamperfect. von coepi statt coepit nach antequam gesetzt ist, wie nach postquam, wenn eine Zeitbestimmung, wie hier triduum, hinzutritt (cf. nachher); und eines weist den Indic. Perf. auf bei allgemeiner Zeitbestimmung und hat im Hauptsatz gleichfalls den Indic. Perfecti: 24. 25. 10. sicut tum extemplo praetores rogationem promulgarunt, acceptaque paene prius quam promulgata est, ut omnes regiae stirpis interficerentur. Sodann weist er darauf hin, daß nach negativem Hauptsatz der Conjunctiv stehe, und führt folgende Stellen an: 35. 25. 3; 45. 11. 3; 34. 8. 2, wo Madvig der vermeintlichen Regel zu Liebe den Indicativ aus einigen geringern Codd. ebire; 22. 3. 10; 22. 7. 11; 24. 18. 9; 27. 27. 4; 37. 54. 15; 29. 18. 9. Wenn wir nun diese Beispiele wieder gruppiren, so zerfallen sie in vier verschiedene Arten. Zuerst nehmen wir von ihnen weg 27. 27. 4, wo schon Ernesti (ed. 1801) und noch Weissenborn (ed. 1863) den Indicativ lesen: non ante apparuere quibus obviis ab iugo ipso consurgendum erat, quam circumiere qui ab tergo includerent viam; bei den übrigen heben wir hervor, daß in zwei derselben im

Hauptſatz ein Imperfectum ſteht: 22. 7. 11. neque avelli, utique ab notis, priusquam ordine omnia inquisissent poterant; 24. 18. 9. cui militum generi non prius quam pulsus Italia hostis esset finitum stipendiorum tempus erat. (Fabri erklärt richtig: constitutum erat ut ei militum generi finis temporis stipendiorum non prior quam pulso Italiae hoste esset, ebenſo Weiſſenb.); in einem der Conjunctiv Perfecti: 22. 3. 10. nec ante nos hinc moverimus quam sicut olim Camillum ab Veiis, C. Flaminium ab Arretio patres acciverint, wo wenn gleich moverimus ter Conj. Perf. iſt, doch acciverint als fut. exact. aufgefaßt werden kann, unb ſelbſt wenn man es als Conj. Perf. gelten laſſen will, bies doch immer ein Satz der Aufforderung iſt, in welchem mithin bas consilium auctoris ſeine ſichere Stelle hat, ebenſo wie 29. 10. 9. quibus, per vos fidemque vestram, patres conscripti, priusquam eorum scelus expiaritis, ne quid usquam gesseritis, ne quod piaculi commiserunt, non suo solum sanguine sed etiam publica clade luant; in einem bas Participium Perfecti: 35. 25. 3. non antea ausi quam revertissent, wo beutlich ein consilium auctoris vor= liegt (wovon nachher); und in brei berſelben ber Inbicativ Per= fecti: 45. 11. 3. non prius destitit, quam pacem confirmaret, bem ſich anſchließt 34. 8. 2. nec ante abstiterunt, quam remissa intercessio tribunis esset (Madvig unb Weiſſenborn est; von beiben Stellen nachher); unb 37. 54. 15. vos nec cupistis haec ante-quam haberetis, nec nunc, cum orbis terrarum in dicione vestra sit, cupere potestis, wo ber Gebanke nicht auf ein non ante-quam führt in bem Sinne von: „ihr habt es nicht früher be= gehrt, ehe ihr es hattet", was eben keinen Sinn gäbe, ſonbern wo ber Gebanke zu Grunbe liegt: „ihr habt bieſes (nemlich ben Beſitz von Stäbten, Dörfern ꝛc.) nie begehrt, bamit ihr es es hättet,

sondern ihr habt für die Würde und den Ruhm beim menschlichen
Geschlechte gekämpft". Die Besitzergreifung ist ein nebensächliches;
man wird also erklären: „ihr habt dies weder früher begehrt, wo
ihr es nicht hattet", so daß antequam haberetis den Begriff ‚früher'
vertritt und von einem Bericht über eine fertig vorliegende Sache nicht
die Rede ist. Danach muß es wohl als erwiesen betrachtet werden, daß
nach dem auf neg. Hauptf. folg. prius (ante) quam auch der Conj. steht.

So weit hat Kühnast Recht. Er kommt nun aber in weiterer
Forschung zu dem Resultat, daß die Negation gar nicht beachtet
zu werden brauche, daß das Tempus des Hauptsatzes an sich
gleichgültig sei und der Grund für den Indicativ oder Conjunctiv nur
in dem Verhältniß, welches der Inhalt des betreffenden Satzes
zum Gedanken des Schriftstellers habe, zu suchen sei. Er sagt:
„Die Sache liegt vielmehr so, daß auch bei Livius bei einfachen
Zeitangaben, deren Eintritt man sich als wirklich vorstellt, in
solchen Sätzen der Indicativ steht, bei Angaben einer Zeitgränze,
deren Eintritt man sich als einen gedachten vorstellt, im Besondern
als abhängig von Umständen, somit auch zur Bezeichnung eines
Causalitätsverhältnisses zwischen Hauptsatz und Nebensatz, so gut
wie bei potius quam, magis quam etc. der Conjunctiv steht,
wobei übrigens das Tempus des Hauptsatzes an sich gleichgültig
ist, wenn auch in der historischen Darstellung der Hinblick auf
das Causalitätsverhältniß näher liegt, somit der Conjunctiv ver=
hältnißmäßig sehr viel häufiger ist." Um die Richtigkeit seiner
Regel zu erhärten, führt er nun weiter eine Menge Beispiele aus
Livius an, (wir zählen an 134), aber, wohl um, wie es bei Pro=
grammen so häufig geschehen muß, den leidigen Raum zu sparen,
keines von allen seinem Wortlaute nach, so daß man genöthigt ist, die
Stellen alle erst aufzuschlagen, um nur zu sehen, welche Construction

in jebem einzelnen Falle von Livius angewendet worden ift. Dennoch dürfen wir diese Mühe nicht scheuen, da sich hier zwei anerkannt gute Kenner livianischen Sprachgebrauchs gegenüber zu stehen scheinen. Wir werden deshalb auf Kühnast's Ansicht zurück= kommen, müssen aber zunächst Doelcke's Regel prüfen und wollen versuchen, sie näher zu bestimmen, vielleicht daß wir dadurch eine Handhabe zur Beurtheilung der Ansichten anderer gewinnen. Wir stellen deshalb zunächst Beispiele zusammen:

Aus Cicero ep. Att. 8. 11. D. 7. atque haec non ego prius sum suspicatus, quam mihi palam denuntiata sunt; fam. 10. 4. 1. nec multo ante redisse scii, quam ex epistola tua cognovi; de or. 2. 47. 195. non prius sum conatus misericordiam aliis commovere, quam misericordia sum ipse captus; or. phil. 5. 3. 7. quid? non ante lata, quam scripta est? quid? non ante factum vidimus, quam futurum quisquam est suspicatus?; Verr. 5. 22. 55. numquam in Sicilia frumentum publice est emptum, quin Mamertinis pro portione imperaretur, antequam hoc delectum praeclarumque consilium iste dedit (schon bei Hand); phil. 1. 10. 25. illae (leges) enim sine ulla promulgatione latae sunt, an-tequam scriptae (sc. sunt); pro Mur. 16. 34., wovon gleich nachher; und bei Brutus ad Cic. fam. 11. 13. 2. constitit nusquam prius-quam ad Vada venit (nicht bei Cicero selbst, wie man nach Doeleke's Citat vermuthen könnte);

Aus Caesar: b. g. 7. 25. 4. nec prius ille est a propugnato-ribus vacuus relictus locus quam restincto aggere atque omni ex parte summotis hostibus finis est pugnandi factus; 7. 47. 3. neque finem prius sequendi fecerunt quam muro oppidi portisque appropinquarunt; 1. 53. 1. neque prius fugere destiterunt quam ad flumen Rhenum . . pervenerunt (schon bei Doeleke);

Aus Livius: 1. 11. 5. nec ostenderunt bellum priusquam
intulerunt; 4. 6. 3. nec ante finis contentionum fuit quam victi
tandem patres ut de connubio ferretur concessere (Ernesti: con-
sensere); 5. 51. 6. non ante cepit finem quam monitu deorum
aqua ex lacu Albano emissa est; 7. 34. 7. nec prius ab hoste
est visus, quam loco, quem petebat, appropinquavit; 27. 27. 4.
non ante apparuere, quibus obviis ab iugo ipso consurgendum
erat, quam circumiere qui ab tergo includerent; 33. 7. 12. non
ante restiterunt quam in planiorem vallem perventum est; 34.
12. 8. legati non ante profecti quam impositos in naves milites
viderunt; 39. 10. 9. neque ante dimisit cum quam fidem dedit
adulescens ab his sacris se temperaturum (schon bei Hand und
Madvig); 41. 2. 10. nec ante finitum est quam tribunus militum
quique circa cum constiterant interfecti sunt. Zu diesen Beispielen,
von denen sich 4. 5; 7. 34; 41. 2; auch bei Kühnast finden,
fügen wir aus dessen Programm hinzu: 2. 59. 2. nec ante restitit quam signa inferentem Volscum munimentis vidit foedamque
extremi agminis caedem; 3. 21. 1. nec ante moverunt de sententia consulem, quam polliciti sunt; 8. 13. 8. nec quievere
ante quam expugnando Latium omne subegere; 27. 14. 12.
nec ante finis pugnandi est factus, quam in castra paventes
compulsi sunt; 30. 12. 8. sed apud ignaros regis casus nec
quae acta essent promendo nec minis nec suadendo ante valuit,
quam rex vinctus in conspectum datus est; 33. 1. 6. oppidani,
ante lictorem turba acta, insecutum confestim agmen armatorum
non ante quam ad hospitium imperatoris ventum est conspexere;
44. 37. 3. nec ante quam prima frons valli ac fossa perducta
est, ex statione equites revocati sunt;

Aus Sallust Jug. 35. 8. non prius omisit contra verum

niti quam animum advortit; Cat. 51. 34. neque prius finis iu-
gulandi fuit quam Sulla omnis suos divitiis explevit;
Aus Nepos: Epam. 8. 5. (p. 17.); 9. 1. neque prius abscesse-
serunt quam. Epaminondam concidere viderunt; 9. 2.
neque tamen prius pugna excesserunt quam repugnantis profligarunt; endlich auch
eines aus Virgil Aen. 2. 741. nec prius amissam respexi ani-
mumque reflexi Quam tumulum antiquae Cereris. Venimus.

Für Tacitus verweisen wir auf Draeger (Syntax und Stil
des Tacit. 1868), der § 170 sagt: antequam destinata componam
h. 1. 4.; sed arma sumere non ante cuiquam moris quam civitas suffecturum probaverit 9. 13, wo der Conjunctiv steht, weil
nicht ein einzelnes Factum gemeint ist, während sonst nach dem
negativen ante oder prius fast immer quam mit dem Indicativ
folgt (bei Livius mindestens 14 Mal, wogegen der Conj. als Sel-
tenheit gilt; vgl. Hand turs. 1. p. 401.), wie im Griechischen
stets der Indic. nach οἱ πρότερον πρίν." Wir bemerken dazu, daß
jenes componam der Conj. Präs. ist, indem hist. 1. 4. ceterum antequam destinata componam, repetendum videtur qualis status urbis
ganz gebildet ist, wie Cic. de inv. 1. 4. 5. antequam dicamus,
videtur dicendum (cf. p. 4. ex.), und daß das Beispiel aus 9. 13.
1. zu denen gehört, welche als allgemeine Sätze anzusehen sind
(cf. p. 4.), und beklagen, daß Draeger nicht auch andere Beispiele für
non ante (prius) quam angeführt hat. In seiner Ausgabe der
Annalen läßt er bei der kurzen Uebersicht des taciteischen Sprachgebrauchs im § 91 jede Bemerkung über prius (ante) quam weg.
Für den zweiten Fall, in welchem der Conjunctiv möglich ist, und
zwar bei dem Indic. Perf. im Hauptsatze, citiren wir Ann. 13. 20.
10. Nero trepidus et interficiendae matris avidus non prius differri
potuit quam Burrus necem eius promitteret, si facinoris coar-

gueretur, wo derselbe durch die Beachtung des consilium des Handelnden bedingt ist. Nebenbei sei noch bemerkt, daß wir für Justin bei Fischer (de elocutione Justini. 1868) keine Beobachtung finden.

Ich glaube, es sind Beispiele genug. In ihnen allen steht in beiden Sätzen, im Vorderfatz wie im Nachfatz, der Indic. Perf., und dies giebt uns einen Anhalt, die Regel Doeleke's unter der Annahme, — welche namentlich wegen der Beispiele aus Cicero erforderlich ist —, daß im Begriff der narratio jeder Bericht über eine Sache, die sich entweder im Geistes- oder im practischen Leben ereignet hat, eingeschlossen ist, zunächst dahin zu bestimmen, daß in diesem Falle nach non ante (prius) quam der Indicativ Perfecti folgen muß, wenn schon im Hauptfatze der Indicativ Perf. steht.

Nimmt man diese Beschränkung an, so verliert mancher Einwurf seine Gültigkeit; zunächst der, mit welchem man auf Sätze hinweist, wie Cic. parad. 6. 1. 45. nunquam eris dives ante quam tibi ex tuis possessionibus tantum reficiatur, ut eo tueri sex legiones possis (cf. p. 5.), in welchem außerdem allgemeine Gedanken ausgesprochen werden; oder wie Brutus in ep. fam. 11. 13. 1. Caesari non credebam prius quam convenissem et collocutus essem, eine Stelle, welche Weissenborn zu Liv. 34. 8. 2., wo er über den Gebrauch von non prius (ante) quam spricht, für den Conj. Plusquamperf. citirt, indem er eben das Tempus, in welchem das Verbum des Hauptfatzes steht, unberücksichtigt läßt. Mehr könnte es befremden, wenn nach dem mit historischem Präsens verbundenen non prius (ante) quam der Conjunctiv steht, wie der Conj. Perf. bei Caes. b. g. 3. 18. 7. his rebus adducti non prius Viridovicem reliquosque duces ex consilio dimittunt, quam ab his sit concessum, arma uti capiant et ad castra contendant; Liv. 5. 4. 10. (von Weissenb. zu 42. 26. 9. citirt) perficietur autem, si urgemus obsessos, si non ante abscedimus, quam spei nostrae finem captis Veiis imposuerimus; oder der Conj. Präf., wie Caes. b. c. 1. 22. 2. neque prius milites discedunt quam in conspectum Caesaris deducatur, was nur wenig in der Bedeutung von deductus sit verschieden ist; wie Virgil Aen. 1. 193. nec prius absistit quam septem ingentia victor Corpora fundat humi et numerum cum navibus aequet; allein man sieht in allen diesen Beispielen, die einander sehr ähnlich sind, daß unter den Präsentibus eine Andeutung von dem Willen oder von dem consilium des Handelnden verborgen liegt, was wir im Deutschen etwa mit den Worten ausdrücken würden: „sie erklären nicht eher entlassen, weggehen oder aufhören zu wollen".

Auch alle die Beispiele ferner, in denen die oratio obliqua ausgeführt ist, können nicht als entgegenstehend betrachtet werden, denn wenn auch der Infinitiv von einem Indicativ Perfecti ab=hängt, wie Caes. b. gall. 7. 36. 1. de obsessione non prius agendum constituit, quam rem frumentariam expedisset, so ist doch der Indicativ bei non prius (ante), auf den es ankommt, nicht statt des Indic. Perfecti gesetzt, und der Conj. schon durch die oratio obliqua bedingt; ebenso ist es in allen dem ähnlichen Fällen, wie bei Liv. 38. 25. 1. venerunt petentes ne ante [ab Ancyra] castra moveret, quam collocutus cum suis regibus esset, und in der viel besprochenen Stelle 42. 26. 9; hier hatte Ernesti und noch Weissenb. ed. 1853. im Text: ceterum senatum iis dari cum novi consules magistratum inissent placuit; man änderte nach Andeutungen in den Hss. um in: „iis non dare prius quam novi" oder mit Weissenb. in: iis non ante dari quam novi consules, unb schuf so ein non prius quam mit Conj. Plusq. in or. obliqua.

_ Tritt aber ber Fall ein, baß sich in ber Rebeform ber oratio obliqua bie Verwanbtschaft bes Infinitiv mit bem Inbicativ Per= fecti zeigt, ober baß bieser Inbicativ in ben abhängigen Conjunctiv übergegangen ist, so bleibt auch im abhängigen Satze bas Per= fectum gewahrt; nur verwanbelt sich natürlich auch in ihm ber Inbicativ in ben Conjunctiv. So heißt es bei Cic. fin. 5. 2. 4. scis enim me quodam tempore Metapontum venisse tecum neque ad hospitem ante devertisse, quam Pythagorae ipsum illum locum ubi vitam ediderat sedemque viderim; unb bei Livius 42. 52. 14. commemoravit .... animum habendum esse quem habuerint maiores eorum qui . . aperuerint armis orbem terrarum nec ante vincere desierint quam rubro mari inclusis quod vincerent defuerit; bei Sallust Jug. 4. 6. Nam saepe ego audivi, Q. Maximum, P. Scipionem . . solitos ita dicere, quum maiorum imagines intue- rentur, vehementissume sibi animum ad virtutem accendi; scilicet non ceram illam neque figuram tantam vim in sese habere, sed memoria rerum gestarum eam flammam egregiis viris in pectore crescere, neque prius sedari, quam virtus eorum famam atque gloriam adaequaverit.

Wenn aber ber Satz, welcher auf quam nach non ante (prius) folgt, nicht zum Inhalt bes abhängigen Satzes gehört, sonbern eine Zeitbestimmung zu einem Theile besselben bilbet, so bleibt, wie in ber Construction bei ben Sätzen bes Accusativus cum Infinitivo überhaupt ber Inbicativ, so hier ber Inbicativ Perfecti stehen. Einen Beleg bazu bietet Cic. or. pro Mur. 16. 34.: Itaque ipse Pompeius regno possesso, ex omnibus oris atque notis sedibus hoste pulso, tamen tantum in unius anima posuit, ut, cum omnia quae ille tenuerat, adierat, sperarat, victoria possideret, tamen non ante quam illum vita expulit, bellum confectum iudicarit (so Orelli ed. 1. 1826. und Halm ed. Or. 2. 1854. nach seinen sämmtlichen Hss.) Ist dies der ursprüngliche Text, so bezieht sich expulit auf iudicarit und ist zu übersetzen: „daß er nicht eher, als bis er ihn getödtet hatte, den Krieg für beendet ansah". Sucht man aber den Sinn: „daß er ihn nicht eher für beendet ansah, als bis er ihn getödtet hätte", so müßte man, den obigen Stellen analog, expulit zunächst in expulerit oder mit Ver= gleichung von Liv. 27. 45. 3. quippe ad quod bellum collega non ante quam . . datae . . copiae fuissent, . . profectus sit in expulisset verwandeln. Ernesti änderte es in expulisset. Andere nahmen Anstoß an iudicarit und änderten es in iudicaret, wie Tischer ed. 1861, falls dies nicht ein Druckfehler ist, da in der Uebersicht der Abweichungen vom gewöhnlichen Text diese Aende= rung von ihm nicht erwähnt wird, und er den Indicativ expulit durch die Frage: warum hier der Indicativ? aufrecht erhält; Halm (ed. Weidm. 1866) änderte an beiden Verbis und nahm expulisset und iudicaret auf, spricht aber im kritischen Anhang auch nur von der Emendation Ernesti's. So viel ist wohl klar, daß iudicaret ein expulisset verlangt, aber es frägt sich, ob die Aenderung von iudicarit nöthig ist. Eine ähnliche Stelle findet sich bei Livius 10. 26. 11., wo im abhängigen Satze der Indicativ steht: nec ante ad consules, qui iam haud procul a Clusio aberant, famam eius cladis perlatam, quam in conspectu fuere Gallorum equites, indem der Satz mit quam die Zeitbestimmung ante conspectum Gallorum factum zu perlatam enthält. Weissenb. citirt für das Vorkommen dieses Indicativs 9. 25. 5. simul . . audierunt; 9. 42. 3. donec . . abdicavit (so Hss.; abdicarit Weissenb.); und zu 9. 25. wieder 2. 58. 5. quam . . impedierunt (al. impedierint); 9. 41. 16. qua . . minati sunt; und endlich zu 37. 46. 6. unter mehreren Beispielen auch eines für non prius quam, 5. 46. 11. quod magis credere libet non prius profectum ab Ardea quam comperit legem latam. Noch mehr aber gleicht jener Construction bei Cic. Mur. die Stelle in Nepos' Epam. 2. 2. cui quidem sic fuit deditus, ut adolescens tristem ac severum senem omnibus aequalibus suis in familiaritate anteposuerit neque prius eum a se dimiscrit, quam in doctrinis tanto antecessit condiscipulos, ut facile intelligi posset, pari modo superaturum omnes in ceteris artibus (so mit Siebelis ed. 1851; antecesserit las Bremi ed. 1820., während Nipperdey (ed. 1849.) im Text dimisit-antecessit bietet; leider kann man nicht sehen, ob nach Hss. oder nach Conjectur.) Es ist dies eine Fortbildung des Sprachgebrauchs, den wir in der Stelle aus Cicero's or. pro Murena angedeutet fanden, sofern der Indicativsatz nicht zum Verbum regens, sondern zum Infinitivsatz, resp. zum abhängigen Satz gehört. Ein gleicher Fall tritt auch bei andern Temporibus ein, wie dem fut. II. bei Liv. 23. 12. 10. respondeam, inquit, Himilconi, non desisse paenitere me belli neque desiturum ante invictum vestrum imperatorem incusare, quam finitum aliqua tolerabili condicione bellum videro.

Nun giebt es aber, wie man nach dem Vorhergehenden schon nicht anders erwarten kann, auch Stellen, in denen bei non ante (prius) quam im Hauptsatz der Indicativ Perfecti steht und dennoch im Nebensatz der Conjunctiv, sei es Imperfecti oder Plusquamperfecti, folgt, und die demnach der von uns aufgestellten Regel zu widersprechen scheinen. Allein wir werden sehen, daß in ihnen allen ein bestimmter Grund zum Conjunctiv vorliegt, ebenso wie in ben beim historischen Präsens (cf. p. 26. ex.) besprochenen Beispielen. Zunächst scheint hierher die Stelle zu gehören, welche Weissenborn zu Liv. 34. 8. 2. anführt, aus Cic. de or. 1. 57. 241.: num quis eo testamento quod pater familias ante fecit quam ei filius natus esset hereditatem petit?; allein es ist zwar der ganze Inhalt des Satzes negativer Art, die Partikel antequam steht aber im positiven Theile desselben. Man würde deshalb hier auf den Punkt zurückgehen müssen, daß wenn bei positivem prius (ante) quam im Hauptsatz der Indicativ Perfecti steht, derselbe auch im Nebensatz stehen kann, aber nicht muß. Und es bietet auch cod. B. (Erlangens. alter), von dem Orelli-Baiter (ed. 2. 1845) sagen, daß magna sit eius auctoritas, die Lesart est. Ebenso stehen bei Cic. tusc. 1. 6. 13. ego autem non commemini antequam sum natus me miserum die Worte ‚antequam sum natus‘ im positiven Theile des Satzes und können deshalb nicht als Beweis für den Indicativ Perfecti herangezogen werden.

Wichtig für unsere Untersuchung sind nur die Stellen, in denen bei wirklich negativem Hauptsatz mit Ind. Perf. sich Abweichungen zeigen. Hier könnte man zunächst an Stellen denken, wie bei Cic. in Pis. 24. 58.: P. Servili, Q. Metelle, C. Curio, L. Afrani cur hunc non audistis tam doctum hominem, tam eruditum, priusquam in istum errorem induceremini?, allein man sieht leicht, daß sie einen Bericht über eine Sache nicht enthalten. Anders ist es bei Caesar b. g. 6. 37. 2. Germani . . . in castra irrumpere conantur nec prius sunt visi obiectis ab ea parte silvis quam castris appropinquarent usque eo ut qui sub vallo tenderent mercatores recipiendi sui facultatem non haberent. In der Anmerkung zu dieser Stelle verweisen Kraner und nach ihm Dittenberger auf 3. 26. 3, wo es heißt: his prorutis prius in hostium

castris constiterunt quam plane ab his videri aut quid rei gereretur cognosci posset; und halten hier beide ein priusquam
poterat für möglich, wenn Caesar den Zeitpunkt hätte einfach an=
geben und nicht den innern Zusammenhang der Handlung = „sie
standen so schnell im Lager, daß sie vorher nicht gesehen werden
konnten", bezeichnen wollen. Außerdem verweisen sie auf b. g.
4. 14. 1. prius pervenit quam . . posset und b. c. 1. 41. 5.
prius est perfectum quam intellegeretur. Und Doberenz sagt zu
6. 37., vergleichend 2. 12. 1. priusquam se . . reciperent, „die
Feinde hatten von dieser Seite angegriffen, damit sie sich nähern
konnten". Sie vergessen alle, daß der Conjunctiv Imperf. nach
priusquam keiner andern Erklärung bedarf, als daß, wie Schultz
Gr. § 364. sagt, „in der Erzählung von den Römern die Aufein=
anderfolge als durch einander bedingt und begründet aufgefaßt zu
werden pflegte" und dies so herrschend war, daß eben in der guten
Sprache, d. h. bei Caesar und Cicero stets der Conj. im Imperf.
und Plusquamperf. steht, also ein priusquam-poterant unmöglich
ist; — daß aber nach dem mit Indic. Perfecti verbundenen non
ante (prius) quam der Conj. eine Unregelmäßigkeit ist, der mit der
Constr. nach positiv. priusquam nicht verglichen werden darf. Von
den Grammatikern führen diesen Conj. ‚appropinquarent‘ freilich
Müller-Lattm. als den einzigen negativen unter sechs andern positiven
mit auf, um zu zeigen, daß nach antequam und priusquam in der
Erzählung der Conjunct. Imperf. und Plusquamperf. zum Aus=
druck der bloßen Unterordnung in derselben Weise, wie bei quum
historicum stehe, oft auch in diesem Falle der Nebensatz nur zur
bloßen Zeitbestimmung diene, und geben somit zu, daß nach non
ante (prius) quam in der Erzählung der Conjunctiv ebenso üblich
sei, wie nach prius (ante) quam. Mir scheint es, daß, wenn

Caesar nur die wirkliche Thatsache hätte erzählen wollen, er un=
bedenklich appropinquarunt gesetzt haben würde; er will aber hier,
auch durch den Conjunctiv tenderent, auf eine Absicht, welche bei
den Germanen vorgewaltet, hindeuten und legt in das dem zur An=
gabe des Grundes hinzugefügten ablativus absolutus ,obiectis ab
ea parte silvis' vorausgehende nec prius sunt visi den Gedanken:
„indem sie glaubten nicht früher gesehen zu werden", oder um das
consilium des Handelnden auszudrücken: „indem sie nicht wollten
früher gesehen werden". Er hat somit statt des, wenn diese Art
des Ausdrucks von ihm gewählt worden wäre, dann folgenden Ge=
dankens: „und sie wurden wirklich nicht früher gesehen", den er sonst
durch eingeschobenes id quod accidit oder sicut accidit oder id quod
necesse erat accidere ausdrückt, gleich den Ind. Perf. nec prius sunt
visi gewählt. Damit nähern wir uns der Erklärung von Doberenz:
„damit sie sich nähern konnten", welche doch auch eine Absicht bei
den Feinden hinsichtlich der Wahl des Ortes für den Angriff
voraussetzt. Beiläufig sei erwähnt, daß, was die Lesarten be=
trifft, Nipperdey im Text adpropinquarent hat und in den Anm.
es als Variante aus B (Paris prim.) anführt; ob es da in der
Anm. heißen soll: adpropinquarunt? Skaliger (ed. Merbizii. 1703)
las schon adpropinquarent. Zur Vergleichung diene Liv. 7. 34.
7. nec prius ab hoste est visus quam loco, quem petebat, adpropinquavit.

Eine andere Stelle ist bei Hirtius b. g. 8. 13. 3. neque
prius finem fugae fecerunt, saepe amissis superioribus locis,
quam se aut in castra suorum reciperent aut nonnulli pudore
coacti longius profugerent. Hier geben sich die Herausgeber,
Doberenz, Dittenberger nicht die Mühe, eine Erklärung für den
Conjunctiv zu finden; es ist eben Hirtius, bei dem ja der Con=

junctiv möglich fein mag; die Lehre vom consilium des Handeln=
den würde bei reciperent anwendbar fein, auf profugerent aber
paßt fie nicht.

Aus Livius führt Weissenborn noch an: 35. 25. 3. Achaei
non antea ausi capessere bellum quam ab Roma revertissent
legati ut quid senatui placeret scirent, post reditum legatorum
et Sicyonem concilium edixerunt et legatos ad P. Quinctium
miserunt: allein man fieht leicht, daß der Conjunctiv als im ab=
hängigen Satze stehend gefetzt ist, ebenfo wie in jener Stelle bei
Caesar b. c. 1. 22. neque prius discedunt quam deducatur, denn
die Rückkehr der Gefandten ist bei revertissent noch nicht einge=
treten und wird erst durch post reditum gemeldet. Wichtiger ist
5. 19. 11. senae horae in orbem operi attributae sunt; nocte
ac die numquam ante omissum quam in arcem viam facerent:
aber hier foll der Gedanke nicht fein: „bevor fie gemacht hatten",
fondern es wird aus dem Sinne der Arbeiter oder des Leiters
der Arbeiten gefagt: als bis fie den Weg bis zur Burg machten
= gleich bis fie fertig wären. Wäre es ein bloßer Zufatz des
erzählenden Livius, fo würde nach omissum est ein fecerunt er=
wartet werden müffen (cf. p. 36.) Noch mehr Einspruch scheint zu
erheben 26. 19. 5.: nullo die prius ullam publicam privatamque
rem egit quam in Capitolium iret ingressusque aedem considere
et plerumque solus in secreto ibi tempus tereret; es ist aber
hier nicht das zeitliche: „er beforgte nichts früher, als er gegangen
war", denn dann könnte er es ja auf dem Capitol beforgen,
fondern es foll ausgedrückt werden: „er that nichts vor dem
Gehen", fo daß quam iret in gewiffem Sinne Attribut zu egit
ist. Vergleichen läßt fich Liv. 37. 54. 15. vos nec cupistis haec
antequam haberetis, wo antequam haberetis das Adverbium

‚früher‘ vertraten (cf. p. 21.) Somit bleiben für ben Conj. bei Liv.
bie schon bei Hand citirte Stelle 45. 11. 3. deinde ad fratrem
amicosque eius non prius destitit mittere, quam pacem cum is
confirmaret. Mit ihr bürfte bem äußern Anschein ber Worte nach
nicht, wie Weissenborn will, 35. 25. 3. non antea ausi . . quam
revertissent verglichen werben, sonbern Caes. b. g. 6. 37. 2. nec
prius sunt visi-quam appropinquarent, unb es sich empfehlen ber
nicht unangemessenen Erklärung Weissenborn's: „er schickte immer,
um — zu Stanbe zu bringen", mit Doeleke ben Sinn zu geben:
„er glaubte nicht früher aufhören zu bürfen, als bis er ben Frie-
ben zu Stanbe brächte". Unb ihr schließt sich an lib. 34. 8. 2.
Haec quum contra legem proque lege dicta essent, aliquanto
maior frequentia mulierum postero die sese in publicum effudit
unoque agmine omnes tribunorum ianuas obsederunt, qui
collegarum rogationi intercedebant: nec ante abstiterunt, quam
remissa intercessio ab tribunis esset, wo Ernesti esset nach
guten Hss. las, Madvig unb Weissenborn (ed. 1852) nach cod.
B (amberg.) in remissa est änberten; eine Aenberung, bie trotz
Kühnast's Einspruch anzunehmen ist, ba bas Plusquamperfectum in
bieser Verbinbung wohl kaum vorkommen bürfte unb man, wenn
bas consilium ber Hanbelnben in Betracht gezogen werben sollte,
remitteretur erwarten würbe (cf. p. 36.)
Bei Cornelius Nepos finb es hauptsächlich brei Stellen,
bie als Vertreter ber anberen in Betracht kommen: Eumen. 4. 2.
non prius distracti sunt quam alterum anima relinqueret (so Nipperdey ed. 1849. unb Siebelis ed. 1851., während Bremi ed. 1820.
unb Hand [turs. 1. p. 401. ed. 1829] nocí reliquerit lasen), wo ber
Conjunctiv in ähnlicher Weise wie bei Caesar b. g. 6. 37. 2. nec
brius sunt visi . . quam castris adpropinquarent sich erklären

3*

laffen wird: „fie ließen fich nicht eher trennen, als bis den einen
das Leben verließe", und zugleich wieder einen Bergleichungspunct
zu Liv. 5. 9. 11. (opus) numquam ante omissum quam in arcem
viam facerent, in welcher Stelle die Worte in arcem zu betonen
find', bietet. Die andere ist Themist. II. 8. 4. inde non prius
egressus est, quam rex cum data dextra in fidem reciperet, wo
das consilium des Handelnden nicht zu verkennen ist, und Liv. 45.
11. 3. non prius destitit mittere quam pacem cum iis confirmaret
verglichen werden kann. Auch Müller-Lattmann haben diese beiden
Stellen aus Nepos und Livius, um zu beweisen, daß antequam
und priusquam mit dem Conjunctiv verbunden werden, wenn der
Nebensatz potentiale und finale Bedeutung hat; nur trennen fie
dieselben nicht von den Beispielen mit positivem prius (ante) quam
und stellen fie zusammen mit Liv. 35. 25. non antea ausi . . quam
revertisent (cf. p. 35.) und mit Cic. fam. 11. 13. Caesari non
credebam prius quam convenissem et collocutus essem (cf. p. 26.)
Mit ihr verwandt ist die dritte Stelle Epam. 3. 3.: numquam inde
(e circulo) prius discessit, quam ad finem sermo esset adductus,
in welcher der Conj. Plusquamperfecti fich auf die dem Epaminondas
eigenthümliche Sitte bezieht, nie eher einen Kreis, in dem man
fich wissenschaftlich unterhielt, zu verlassen, bevor nicht das Ende
eingetreten war, also auf feine voluntas. Sonst würde bei ein=
facher Wiedererzählung des Berichteten esset leicht in est zu ver=
wandeln · fein. Hingegen ist Nep. Them. 7. 3. hisque praedixit
ut ne prius Lacedaemoniorum legatos dimitterent, quam ipse
esset remissus wegen der or. obliqua ohne Belang.

Eine ganz andere Abweichung von der Regel ist es, wenn
Livius nach non prius (ante) quam mit Indic. Perf. einige Male
quam mit dem Indic. Imperf. setzt, wie lib. 23. 48. 1. nec ante

violavit agrum Campanum, quam iam altae in segetibus herbae
pabulum praebere poterant; 23. 30. 4. nec ante quam vires ad
standum in muris ferendaque arma deerant, expugnati sunt; 7.
34. 2. nec prius quam recipi tuto signa non poterant, imminen-
tem capiti hostem vidit. Weissenborn erwähnt dies als Thatsache
zu 34. 8. 2., indem er zugleich auf jene eine Stelle 23. 48. 1.
verweist; auch E. Hoffmann (Constr. der lat. Zeitpartikeln 1860.)
führt sie p. 102. als die drei einzigen an (cf. p. 18.). Auf
diese Construction sich stützend, sagt Fabri in der Anm. zu Liv.
23. 30. 4. mit den Worten: ponitur post antequam et priusquam etiam imperfecti indicativus, quum res facta neque ad
cogitationem relata memoratur, und mit Vergleichung der obigen
Stelle (23. 48. 1.) gegen Hand, der turs. 1. p. 401. behaupte,
daß der Indicativ Imperfecti niemals mit antequam verbunden
werde. Hand sagt allerdings p. 401.: Imperfectum indicativi
numquam compositum est cum antequam: nec potuit componi
propterea quod Latini in duabus rebus inter se referendis huic
vocabulo conditionalem potestatem, non simpliciter temporalem
tribuerunt: aber Fabri übersieht, daß Hand weder von non ante
quam noch von dem Falle, wo der Hauptsatz negirt ist, spricht,
und führt selbst für seine Ansicht nur jene zwei Beispiele (23. 30;
48. 1.) an, in denen eben non ante-quam steht. Es läßt sich
hier fragen, ob man nicht zu diesen poterant, deerant und wieder
poterant hinzurechnen kann coeperat, wie es Liv. 41. 16. 8. ante
triduum quam oppugnare coeperat, receptam ex hostibus colonis
restituit anwendet? (cf. p. 20.).

Betrachten wir noch in aller Kürze, ob antequam, wenn
eine Negation hinzutritt, so getrennt werden muß, daß ein oder
einige Worte zwischen ante und quam treten, wie Hand turs. 1.

p. 395. in bem Ausſpruch: negatio si quae apponitur, ea cum ante coniungitur, interiectis aliis vocabulis, unb mit Berufung auf ihn Allgayer s. v. antequam burdh bie Worte: „Bei einer Negation iſt antequam zu trennen" lehren, ſo kann man zugeben, baß bieß oft, ja meiſtens ber Fall iſt; man muß aber feſthalten, baß audh baß Gegentheil borkommt, ſowohl bei non ante, wie Liv. 33. 1. 6. non antequam ad hospitium imperatoris ventum est, conspexere; 24. 18. 12. ceterum non antequam bello confecto accepturos esse (sc. pretja.); 3. 51. 13. non antequam perlatis legibus deposituros imperium se aiebant; alß bei neque ante, wofür audh Hand p. 395. baß Gegentheil einräumt, inbem er Cic. de or. 3. 36. 145. neque defatigabor antequam illorum ancipites vias rationesque et pro omnibus et contra omnia disputandi percepero mit ben Worten: ‚recte scribitur' begleitet, z. B. bei Liv. 8. 13. 8. nec quievere ante quam expugnando . . subegere; 23. 30. 4. nec antequam deerant; unb bei anbern Negationen, wie nemo, alß Liv. 24. 49. 8. neminem antequam tum Celtiberos Romani habuerunt; wie numquam, Cic. Verr. 5. 22. 55. numquam in Sicilia frumentum publice est emptum, quin . . imperaretur, antequam hoc delectum praeclarumque consilium iste dedit; unb parad. 6. 1. 45. nunquam eris dives antequam . . reficiatur. Ebenſo iſt in bielen borhergehenben Citaten non prius burdh etlidhe Worte bon quam getrennt; in anbern ſtehen beibe Wörter neben einanber, wie bei Liv. 1. 11. 5. nec ostenderunt-priusquam; Cic. fam. 10. 20. 2. nec tamen erimus (cura liberati) priusquam ita esse tu nos feceris certiores, ober mit nusquam, wie Brut. bei Cic. fam. 11. 13. 2. nusquam priusquam, ſelbſt bei non, wie Liv. 24. 18. 9. non priusquam pulsus Italia hostis esset, finitum stipendiorum tempus erat.

Kehren wir nun zu Kühnast zurück. Er führt, wie wir schon
sagten, eine Menge Beispiele nur mit Ziffern an und überläßt es
dem Leser, sich durch Nachschlagen derselben die Construction von
prius (ante) quam zu suchen. Mit denen, in welchen positives
prius (ante) quam vorkommt, hat unsre Untersuchung eigentlich
nichts zu schaffen: sie benutzt sie aber, um an ihnen durch Anschauung des Gegentheils zu zeigen, daß bei der sorgfältigen
Forschung, wie sie Kühnast angestellt hat, doch die von uns aufgestellte Regel unangefochten bleibt. Natürlich ist es dabei, daß,
da der Römer gewohnt war, die Aufeinanderfolge der Zeiten als
durch einander bedingt und begründet aufzufassen, bei Livius hauptsächlich die Construction mit dem Conjunctiv vertreten ist. Nach
diesen Conjunctiven wollen wir nun die Beispiele gruppiren. So
finden wir denn zunächst prius (ante) quam construirt 1. mit
dem Conjunctiv Imperfecti: a) wenn im Hauptsatz der
Indicativ Perfecti steht; und zwar in dem uns am meisten
äußerlich scheinenden, bei Livius fast zur Verbindungsformel ge-
wordenen Ausdruck priusquam proficiscerentur, wie 39. 46. 6.
priusquam consules in provincias proficiscerentur, legationes
transmarinas in senatum introduxerunt; 27. 8. 11. consules
priusquam in provincias irent, duas urbanas legiones . . scri-
pserunt; 28. 11. 8. priusquam proficiscerentur consules ad
bellum, moniti a senatu sunt; 33. 26. 6. priusquam aut hi praetores ad bellum prope novum . . . proficiscerentur, procurare
ut adsolet prodigia quae nuntiabantur, iussi; auch 42. 1. 7.
priusquam ab Roma proficisceretur, litteras Praeneste misit.
Dieselbe Form bleibt, wenn oratio obliqua eintritt, wie 30. 2. 8.
consulibus imperatum, priusquam ab urbe proficiscerentur, ludos .
facerent; 32. 29. 1. priusquam proficiscerentur, placuit; 37. 3.

priusquam consules . proficiscerentur, prodigia . procurari placuit; 42. 1. 6. priusquam magistratus proficiscerentur, placuit. (cf. p. 17. Seyff. Beisp.: priusquam est profectus, freilich aus b. Hisp. 27. 3). Ihr schließen sich als sinnverwandt an: Livius 41. 9. 4. priusquam consules provincias sortirentur, prodigia nuntiata sunt; 22. 38. 6. contiones priusquam ab urbe signa moverentur, consulis Varronis multae ac feroces fuere; 24. 44. 7 consules . . priusquam ab urbe moverent, prodigia procurarunt; und in der obliquen Form 43. 12. 2. priusquam id sors cerneret . . decerni; 36. 1. 1. consules inito magistratu patres priusquam de provinciis agerent, res divinas facere maioribus hostiis iusserunt; 29. 15. 10. deferrique Romam ab iuratis censoribus coloniarum priusquam magistratu abirent. Dann in der bei den Wahlen und Stimmabgaben üblichen Formel: 31. 7. 1. priusquam centurias in suffragium mitteret . . inquit; und in obliquer Form: 25. 3. 15. si C. Servilius Casca . . . priusquam ad suffragium tribus vocarentur, intercessisset; 3. 39. 2. L. Valerium Potitum proditum memoriae est . . priusquam ordine sententiae rogarentur . . decemviris proditurum se ad plebem denuntiantem tumultum excivisse.

Außerdem ist nun aber für den Sprachgebrauch des Liv. bekannt, daß diese Constr. mit dem Conj. Imperf. bei ihm die gewöhnlichste ist und sich in den mannigfachsten Gedankenverbindungen findet, wie 2. 31. 6. qui priusquam ad coniectum teli veniretur, . . in aversas valles desiluere; 2. 37. 2. priusquam committerentur ludi, Tullius . . ad consules venit; ihnen schließen sich an: 3. 26. 4. priusquam clauderent, pertulere; 3. 57. 10. priusquam egrederentur, proposuerunt; 3. 58. 6. priusquam adesset, conscivit; 3. 61. (? 60.) 9. priusquam constaret, intulit; 3. 70. 4. priusquam reficeret, visum est; 4. 47. 6. priusquam fierent,

censuit; 21. 5. 16. priusquam reciperent, fecit; 21. 39. 10.
priusquam educeret, est exorsus; 26. 8. 1. priusquam fieret,
adfecti sunt; 26. 14. 5. omnes tamen priusquam aperirentur
hostibus portae expirarunt; 28. 3. 4. priusquam circumvallaret,
misit; 29. 6. 11. priusquam oreretur, est factus; 38. 23. 1.
priusquam irrumperent, facta est; 40. 37. 5. (? 4.) quaestio . .
priusquam traiceret decreta; 41. 18. 7. priusquam digrederentur,
lustraverunt; 41. 19. 9. priusquam possent, pugnatum est; unb
mit nachgeſtelltem priusquam: 35. 29. 3. interfecti sunt priusquam occultum hostem viderent, unb 7. 1. 9. fuit enim vere vir
unicus in omni fortuna, princeps pace belloque, priusquam exula-
tum iret. Zweitens in ber Stellung prius tamen, prius paene-quam
unb prius-quam: 35. 7. (? 8.) 4. prius tamen quam fieret, dixit;
1. 37. 2. quorum fluitantia arma ad urbem cognita in Tiberi
prius paene quam nuntiari posset, insignem victoriam fecere;
4. 28. 11. prius paene cepit castra quam oppugnari hostes satis
scirent; 3. 18. 9. prius vicit quam se pugnare sine duce sentiret;
3. 19. 7. et vos prius in clivum Capitolinum signa intulistis
quam hos hostis de foro tolleretis; 6. 32. 11. prius intravit
quam posset; 29. 22. 9. mortuus tamen prius est quam per-
ficeretur. Viel ſeltener tritt antequam auf: 28. 2. 16. antequam
freto Gadis traiceret, exercitum omnem passim in civitates
divisit. Noch mehr Beiſpiele zu häufen, hätte keinen Zweck;
manchem mögen dieſe ſchon zu viel ſein; wir fügen nur eins für
antequam hinzu, in welchem die zeitliche Bedeutung recht deutlich
hervortritt: 25. 31. 12. paucis ante diebus quam Syracusae
caperentur, T. Otacilius . . Uticam ab Lilybaeo transmisit.

b) Mit Conjunctiv Imperfecti, wenn im Hauptſatz
der Indic. Plusqumprfct. ſteht: 42. 36. 8. Sicinius qui prius-

quam magistratu abiret, Brundisium . . praemissus erat; 39. 36.

1. priusquam agerent quicquam, terror Achaeis iniectus erat; mit
getrenntem prius-quam: 29. 28. 6. prius recursum semper ad
naves, quam clamor agrestis conciret, fuerat; unb mit antequam: 23. 29. (? 28.) 4. quod undique abierat, antequam con-
sentirent.

c) Wenn im Hauptj. der Snbic. Smperfecti ſteßt: 8. 3. 3.
priusquam moverentur Romani, tolli ab tergo Samnitem hostem
volebant; 40. 41. 7. priusquam hi consules venirent ad exercitum . . praeerant A. Postumius et frater Q. Fulvii M. Fulvius
Nobilior; 44. 5. 6. cuius (pontis) priusquam in extremum pro-
cederet . . conlapsus pons ad alterius initium pontis prolabi eum
leniter cogebat.

d) Wenn im Hauptj. ter Snbic. teß ßiſtor. Präſenß ſteßt:
1. 14. 11. haerens in tergo Romanus priusquam fores portarum
obicerentur, velut agmine uno inrumpit; 1. 26. 1. priusquam
inde digrederentur, . . imperat Tullius, uti iuventutem in armis
habeat; 3. 47. 4. priusquam aut ille postulatum perageret aut
Verginio respondenti daretur locus, Appius interfatur; 3. 51. 9.
ipse priusquam iretur ad urbem pari potestate eundem numerum
ab suis creandum curat; 4. 39. 9. priusquam Volscos cognitus
error reduceret . . ad urbem proximis itineribus pergit; auch
25. 24. 15. priusquam admoveret praemittit: mit turch itaque
getrenntem prius quam: 1. 25. 10. prius itaque quam alter, qui
nec procul aberat, consequi posset, et alterum Curiatium con-
ficit; mit antequam: 27. 19. 1. Hasdrubal iam antequam
dimicaret . . ad Pyrenaeum tendit.

e) Wenn im Hauptſaß ein Participium Perfecti ſteßt,
ſei eß im Nominativ, wie 30. 35. 4. Hannibal . perfugit, omnia et

in proelio et ante aciem, priusquam excederet pugna, expertus;
unb mit antequam: 24. 20. 12. triduo ante quam Hannibal ad
moenia accederet . . missus M. Livius praebuit, wo triduo ante
mit missus zu verbinden ist; oder sei es im Casus obliq., wie
beim Abl. absolutus 4. 61. 7. omni publico frumento priusquam
urbs caperetur in arcem convecto.

In Vergleich hiermit tritt sehr zurück 2. die Construction mit
dem Conjunctiv Plusquamperfecti. Für sie sind außer jenem
non credebam prius quam convenissem bei Brut. Cic. fam. 11.
13. (cf. p. 26.) unb den in or. obliqua stehenden (cf. p. 27.) nur
die zwei Beispiele beigebracht, bei denen im Nebensatz der Indicativ Imperfecti steht, wie poterant bei Liv. 22. 7. unb wie tempus
erat bei Livius 24. 18. (cf. p. 21.; auch p. 35. 36.).

Wenig Beispiele auch führt Kühnast an für 3. die Construction mit dem Conjunctiv Präsentis; er findet sich a) wenn
im Hauptsatz der Indicativ Präsentis steht: 1. 17. 9. priusquam populus suffragium ineat, in incertum comitiorum eventum
patres auctores fiunt; 22. 39. 6. hic priusquam peteret consula-
tum, deinde in petendo consulatu, nunc quoque consul, priusquam
castra videat aut hostem insanit; mit prius paene quam: 3. 53.
7. quippe qui . . prius paene quam ipsi liberi sitis dominari . .
vultis; mit antequam: 9. 2. 8. sed antequam venias ad eum,
intrandae primum angustiae sunt, wo der Conj. als der Conj. einer
allgemeinen Vorschrift aufzufassen ist „bevor man kommt, muß man",
ebenso wie 1. 17. 9. das Bestehen einer allgemeinen Sitte ausgesprochen wird; (cf. Cic. de or. 1. 59. [p. 3.] unb von einer lex
in or. de leg. agr. 2. 27. 71.). Desgleichen in or. obliqua: 27.
41. 10. ut sterni obterique, priusquam instruantur, possint; 9.
9. 2. sed si me audiatis priusquam dedantur . . habeant; 26.

2. 4. (? 14.) Cannensem exercitum quod ex acie fugerit in Siciliam deportatum ne prius inde dimittatur quam hostis ex Italia decesserit; mit antequam: 26. 13. 17. quibus vestrum ante fato cedere quam haec tot tam acerba videant, in animo est, iis; 5. 15. 11. antequam id fiat, deos moenia Veientium deserturos non esse; unb mit nachgeſtelltem antequam: 3. 70. 11. nolle interrumpere antequam sciat debellatum.

b) Wenn im Hauptſaß ber Inbicativ Futuri ſteht: 33. 3. 6. sed prius . . cooptabitis quam . . sumatur (cf. p. 6).

In gleicher Weiſe ſinb unter ben vielen nur wenig Beiſpiele für bie Conſtruction von prius (ante) quam mit bem Inbicativ, ſei es Präſentis, Perfecti, Plusquamperfecti ober Futuri exacti nachgewieſen, unb zwar 4. für ben Inbicativ Präſentis a) zwei, wo im Hauptſ. ber Imperativ ſteht, 2. 40. 5. sine priusquam complexum accipio, sciam; 25. 6. 6. sine quaeso priusquam de condicione nostra queror, noxam cuius arguimur nos purgare, b) eins mit bem Conjunctiv ber Aufforberung im Hauptſaße: 22. 50. 8. antequam opprimit lux, erumpamus (cf. p. 20.);

5. für ben Inbicativ Perfecti zwei, bei benen auch im Hauptſaß ber Inbicativ Perfecti ſteht: 9. 32. 6. et prius sol meridie se inclinavit, quam telum hinc aut illinc emissum est; unb mit paene priusquam 24. 25. 10. acceptaque paene priusquam promulgata est; (cf. p. 20. p. 12.);

6. für ben Inbicativ Plusquamperfecti neben bem Inbicativ Perfecti im Hauptſaße 41. 16. 8. ante triduum quam oppugnare coeperat receptam ex hostibus colonis restituit; (cf. p. 20. 37.) im Unterſchieb von 24. 20. 12. triduo antequam accederet praebuit (cf. p. 43.);

7. für ben Inbicativ Futuri exacti nur eines: 44. 39.

9. neque priusquam debellavero absistam, und vielleicht 7. 40.

10. vos prius in me strinxeritis ferrum, quam in vos ego, wo der Gedanke die Uebersetzung erfordert: ihr werdet es eher gegen mich gezogen haben, als ich es gegen euch, nemlich: gezogen haben werde', so daß man strinxero ergänzen muß, während bei der stilistisch eleganteren Uebersetzung, wie sie Weissenborn giebt: „ihr müßt erst gezogen haben, bevor u. s. w.", man leicht an Er= gänzung von stringam denken könnte.

Nicht Bezug aber auf die Construction haben außer 34. 17. 10. und 46. 9. 11., Citaten, in deren Ziffern Druckfehler sind, alle die Beispiele, in welchen die Partikeln prius (ante) quam zur Verbindung von Substantivis oder Participiis oder Infinitivis dienen, denn wenn auch Kühnast zu 41. 15. 8. quae noscendis prius quam agendis rebus imbuenda sit mit Recht sagt, daß agendis gleich sei mit quam agerentur, so steht doch der ganze Satz unter der Herrschaft von imbuenda sit und hängt in keiner Weise in seinem Bau von prius quam ab; es könnte hier mutatis mutandis ebenso pariter atque stehen, noscendis und agendis würden immer unverändert bleiben. Ebenso ist es, wenn auf priusquam der ablativus absolutus folgt, wie 8. 14. 6. nec prius quam aere persoluto . . haberet, wo nec = et ne ist; 24. 18. 12. non ante quam bello confecto accepturos esse; 3. 51. 3. (? 13.) non ante quam perlatis legibus deposituros imperium se aiebant; oder wenn es Infinitive verbindet, wie 25. 29. 1. praetores tamen prius creari quam legatos nominari placuit; oder endlich Substantiva: 41. 13. 5. Etruscorum ante quam Ligurum fuerat; 24. 29. 5. (? 8.) neminem ante quam tum Celtiberos Romani habuerunt; im Accus. c. Infinitivo: 39. 32. 11. meminisse eum debere se prius consulem populi Romani quam fratrem P. Claudii esse; unb wenn nihil prius quam, mit, wie man sagt, Ellipse von fecit ober in or. obliq. von facturum esse gebraucht ist: 44. 32. 1. Anicius . . nihil prius quam . . legatos ad se duci iussit; 35. 11. 5. in eos se impetum facturum et nihil prius quam flammam tectis iniecturum.

Alle biese Formen wieberhelen sich nun beim Gebrauch von prius (ante) quam in ber oratio obliqua; es ist wohl selbstver= ständlich, baß auch alle biese Beispiele nicht zu Beweisen für bie Construction von prius (ante) quam bienen können. Wir haben barauf hingewiesen bei ber formelhaften Verbinbung priusquam proficiscerentur unb ben sinnverwanbten Ausbrücken, so wie beim Gebrauch bes Conjunctiv Präsentis; wir wollen hier nur noch hervorheben bie Construction: 1. mit Conjunctiv Imperfecti nach priusquam: 10. 2. 3. (invenio) Cleonymum priusquam confligendum esset cum Romanis Italia excessisse; unb burch que getrennt: 29. 26. (? 25.) 12. priusque quam Carthagine subveniretur opprimi videbantur posse; 45. 10. 3. ut prius occurrere Antiocho posset quam ad Alexandreae moenia accederet; nach antequam: 7. 42. 3. aliis annalibus proditum est neque dictatorem Valerium dictum, sed per consules omnem rem actam, neque antequam Romam veniretur; 26. 2. 8. dictitans neminem praeter Cn. Fulvium ante corrupisse omnibus vitiis legiones suas quam proderet; 41. 1. 1. alii gerendum extemplo antequam contrahere copias hostes possent . . censebant; unb 2. bie Construction mit bem Conjunctiv Plus= quamperfecti, nach priusquam: 2. 1. 5. quid enim futurum fuit, si illa pastorum convenarumque plebs . . agitari coepta esset . et . . cum patribus serere certamina, priusquam pignera coniugum ac liberorum . . animos eorum consociasset; 5. 16.

5. (? 15. 4.) cecinit priusquam ex lacu Albano aqua emissa
foret, numquam potiturum Veis Romanum; 26. 1. 2. ne a
Capua quam obsidebant abscederent priusquam expugnassent; 29.
15. 8. neque si postularet senatum dari priusquam imperata
fecissent; nach antequam: 3. 19. 1. consul antequam collegam
sibi subrogasset, negare passurum agi de lege; 3. 59. 4. quod
adeo toti plebis fuissent et . . ante inimicos satietas poenarum
suarum cepisset, quam obviam ituros licentiae eorum consules
appareret; 30. 5. 6. se Hasdrubalem Punicaque castra adgressu-
rum, ceterum non ante coepturum quam ignem in regiis castris
conspexissent; 27. 45. 3. quippe ad quod bellum collega non
ante quam ad satietatem ipsius peditum atque equitum datae
ab senatu copiae fuissent maiores instructioresque, quam si
adversus ipsum Hannibalem iret, profectus sit, eo ipsos
quantumcumque virium momentum addiderint, rem omnem in-
clinaturos.

Alle diese Beispiele mit Ausnahme des einzigen für's Futur.
exact. beigebrachten sind positiver Natur; sie alle können wohl
beweisen, daß nach positivem prius (ante) quam beide Modi, der
Indicativ und Conjunctiv, natürlich jeder mit seinen Beschränkungen,
folgen können, beweisen aber nicht, daß die Negation nicht zu be-
achten sei. Für die Anwendung und Construction dieses non ante
(prius) quam in der directen Rede werden viel weniger Stellen,
als für das positive prius (ante) quam citirt: wir stellen sie nur
kurz zusammen, da sie im Vorhergehenden bereits Beachtung ge-
funden haben. Sie sind: 2. 59. 2. nec ante restitit quam . .
vidit; 3. 21. 1. nec ante moverunt quam polliciti sunt; 44. 37.
3. nec ante perducta est quam revocati sunt; 4. 6. 3. nec ante
finis fuit quam concessere; 8. 13. 8. nec quievere ante quam

expugnando . . subegere; 27. 14. 12. nec ante finis est factus quam compulsi sunt; 30. 12. 8. nec . . ante valuit quam datus est; 33. 1. 6. non ante quam ventum est conspexere; 41. 2. 10. nec ante finitum est quam interfecti sunt; unb mit priusquam: 7. 34. 7. nec prius est visus quam adpropinquavit; unb in or. obliqua 42. 52. 14. nec ante vincere desierint quam . . defuerit. Diefer Snbicatio Perfecti tritt auch nach einem mit ber Negation verbunbenen Ablativus absolutus participii perfecti ein, 21. 31. 9. tendit in Tricorios haud usquam impedita via priusquam ad Druentiam flumen pervenit, unb fann auch nach hiftorifchem Prä= fens ftehten, wie 6. 29. 3. non prius se ab effuso cursu sistunt, quam in conspectu Praeneste fuit; unb eben beshalb muß auch 5. 51. 7. num ante exorta est quam spreta vox caelo emissa de adventu gallorum? nach spreta nicht erat, fonbern est ergänzt werben, ebenfo wie bei Cic. phil. 1. 10. 25. latae sunt antequam sciptae (sc. sunt cf. p. 23.). Daß bie beiben letzten negativen Beifpiele, 44. 39. 9. neque prius quam debellavero absistam, (zu bem wir, nur um zu zeigen, baß biefe Conftruction häufiger vorfommt, Cic. de or. 3. 36. 145. neque defatigabor antequam . . percepero; fam. 10. 20. 2. nec tamen erimus (cura liberati) quam ita esse tu nos feceris certiores; ad Att. 7. 5. 5. quid sentis igitur? inquis. Nihil scilicet nisi de sententia tua; nec prius quidem quam nostrum negotium aut confecerimus aut deposuerimus, unt Liv. 22. 3. 10. nec ante nos hinc moveri- mus, quam . . C. Flaminium ab Arretio patres adsciverint [Fabri- Heerwagen; acciverint Weissenborn cf. p. 21.] hinzufügen), unt in orat. obliq. 9. 8. 7. interea consules exercitum scribere armare educere placet nec prius ingredi hostium fines quam omnia iusta in deditionem nostram perfecta erunt, für unfere Frage nicht von

Belang sind, liegt schon darin, daß der Hauptsatz nicht den Indicativ Perfecti aufweist. Hingegen ist es wichtig, daß in allen
Fällen, wo nach non ante (prius) quam der Indicativ Perfecti
folgt, auch im Hauptsatz der Indicativ Perfecti steht, und somit
sich auch zeigt, daß die von uns aufgestellte Regel, wenn wir sie
näher dahin bestimmen: der Indicativ Perfecti steht nach
non ante (prius) quam, wenn auch im Hauptsatz der
Indicativ Perfecti steht, mit einziger Ausnahme des
Falles, in dem das consilium des Handelnden besonders hervorgehoben werden soll, und wie sich von selbst
versteht, in oratio obliqua, ihre Wahrheit hat. Die Regel
Doeleke's scheint mithin, weil durch in narratione beschränkt, zu
eng, und wieder zu allgemein, weil sie auf das Tempus, in
welchem das Verbum des Hauptsatzes steht, nicht Rücksicht nimmt;
die Ansicht Weissenborn's, die er zuletzt in der Anm. zu Liv. 45.
11. 3. mit den Worten: „gewöhnlich steht bei non ante oder
prius-quam das perf. ind." ausspricht, ist zwar frei von der Beschränkung ‚ubique in narratione', achtet aber auch nicht auf das
Tempus des Hauptsatzes; Kühnast hat wieder darin Recht, daß
der Grund für den Indicativ oder Conjunctiv in dem Verhältniß,
welches der Inhalt des betreffenden Satzes zum Gedanken des
Schriftstellers habe, zu suchen sei, übersieht aber, daß ebenso wie
der Conjunctiv nach priusquam und andern Conjunctionen, da er
ja abweicht von deutscher Redeweise, auch erst als üblich in historischer
Darstellung nachgewiesen werden mußte, ehe man sagen konnte, daß
ihn das innere Gedanken-Verhältniß erfordere, so auch hier die Thatsache des üblichen Gebrauchs des Indicativs Perf. festzustellen und
dann erst die Begründung desselben in der Anschauung der Römer
zu suchen ist, welche eben die Gesichtspunkte, von denen sie bei

50

pofitivem prius (ante) quam geleitet nach diefem den **Conj. verlangte**
(cf. p. 32.), bei negativem nicht wieder fand und deshalb den
Indicativ beibehielt; alle andern Fälle aber als Ausnahme zu be=
trachten find. Noch deuten wir darauf hin, daß die Conftruction
mit dem Conjunctiv Plusquamperfecti auch nach negativem non ante-
(prius) quam unter diesen Beispielen fo felten fich findet, wie in or.
recta nur 24. 18. 9. und 22. 7. 12., wo im Hauptfatz die Imper=
fecta tempus erat und poterant ftehen (p. 21.), nebft 34. 8. 2., wo
man für esset bei remissa vermuthete est, und wo der Hauptfatz den
Indic. Perf. nec ante abstiterunt zeigt, im Uebrigen aber auf die
or. obliqua befchränkt bleibt; und bemerken, daß im Gegenfatz zu
pofitiven Sätzen, in denen priusquam fich häufiger als antequam
findet, in negativen bei Livius antequam gebräuchlicher ift, als
priusquam, und fügen zu obigen Beispielen endlich hinzu 24. 49. 8.
neminem antequam; und in or. obliq. 26. 2. 8. neminem antequam; 3. 19. 1. antequam . . negare; 30. 5. 6. non ante-quam.

Wenn wir hiermit unfre Beobachtungen fchließen, fo möchten
wir nur noch hervorheben, daß es nicht unfre Abficht war, die
Fülle der Beispiele zu erfchöpfen; es lag uns vielmehr hauptfächlich
daran, gewiffe Normen aufzuftellen, nach denen fich die andern be=
urtheilen laffen, fo wie die Aufmerkfamkeit wieder auf diefen Punkt
der Grammatik zu lenken und zu erneuter Forfchung anzuregen.